KB135303

가족과 사회의
고령자 돌봄

가치 · 실천 · 개선

가족과 사회의
고령자 돌봄

인간화(人間化) 지향

성규탁 지음

인사말

●
●

　한국인은 고령자를 존중하며 돌보는 관행을 여러 세대에 걸쳐 가족 중심으로 실행해 왔다. 새 시대에는 사람의 수명이 연장되며, 각종 신체적 및 사회적 문제를 가진 고령자 수가 크게 늘고, 부모와 자녀가 별거하는 가족이 많아지고 있다. 이런 시대적 변화로 인해 가족 중심 돌봄만으로는 새 시대 고령자를 위해서 복합적 문제를 해소하고 삶의 질을 높이며 인간화된 돌봄을 제공하기에는 어렵게 되었다.

　고령자의 이런 욕구를 가족 자체의 돌봄과 사회가 제공하는 돌봄을 연계해서 충족할 필요성이 날이 갈수록 증대하고 있다.

　이러할 때 한국사회복지계의 어르신인 성규탁 박사께서는 다년간 부모자녀가 상호부조 하는 효행 연구를 바탕으로 이 책에서 가족과 사회복지 조직(시설)의 고령자 돌봄을 여러 실행 사례를 들어 탐사하여 소상히 논의하고 있다.

　전통 문헌과 경험적 자료를 섭렵하여 가족적 돌봄과 사회적 돌봄을 개선, 보완하는 과업을 밝히고, 두 가지 돌봄을 연계, 종합해서 고령자를 위한 포괄적 돌봄을 이룩할 과업을, 특히 인간중시적 시각에서 제시, 역설하고 있다.

나아가 이 책은 가족, 사회, 국가를 위해서 기여한 고령자의 존엄성을 받들며 존중과 애정으로 돌보는 가족 및 사회의 연합된 노력이 필요함을 강조하고 있다.

우리는 새 시대에 걸맞은 고령자 돌봄 방안을 가족 안과 밖에서 찾아 나가면서 돌봄을 인간화하는 과업을 창의적으로 수행해 나가야 하겠다.

성규탁 박사님의 새 시대의 고령자를 위한 인간화된 돌봄에 관한 해설과 건의를 담은 이 책이 노인복지, 사회복지에 관심 있는 독자들에게 널리 읽혀 한국사회복지와 노인복지 발전에 크게 기여하리라 믿어 적극적으로 추천한다.

김성이
한국사회복지협의회 회장, 전 보건복지가족부 장관,
이화여자대학교 사회복지대학원 명예교수

머리말

．
．

　한국인의 고령자를 위한 돌봄은 도덕적 가치를 기틀로 시발되고 발전되어 왔다.

　시대적 변화는 이러한 전통을 가진 우리에게 벅찬 도전을 가하고 있다. 가족구조와 생활방식의 변화, 가족의 자체돌봄 기능 저하, 개인적 준비 부족, 사회복지돌봄체계와의 연계 곤란 등으로 다수 노부모를 포함한 고령자는 마땅한 돌봄을 받는 데 어려움을 겪고 있다.

　이런 어려움과 맞물려 사람의 수명이 연장되고, 각종 신체적 및 사회적 문제를 가진 고령자 수가 증가하며, 다수 고령자는 성인자녀와 별거하고 있다.

　이러한 변동하는 사회적 맥락에서 고령자의 복합적 욕구를 가족 자체의 돌봄과 대사회가 제공하는 돌봄을 연계, 종합해서 충족할 필요성이 날이 갈수록 커지고 있다.

　이 필요성을 학계(學界)와 실천계(實踐界)에서 다 같이 공인, 역설하고 있다.

　이런 연계, 종합된 고령자 돌봄을 실행하는 데 인간중시 가치를 숭앙, 발현할 윤리, 도덕적 의무를 수행해야만 한다.

　한국은 서양문화 못지않게 이러한 가치를 발현하여 고령자를 돌보는 문화적 전통을 간직하고 있다. 우리가 이어받은 이런 인간중시적 돌봄의 관행을 밝혀 보고자 한다.

이 책에서 고령자 돌봄을 행하는 가족과 사회복지 조직(시설) 및 단체가 이러한 가치를 발현하여 인간화된 돌봄을 실행하는 상황을 살펴보고, 지속, 확장해야 하고 아울러 개선, 보완해야 할 과제를 식별, 논의하고자 한다.

노부모 · 고령자를 돌보는 데 있어 기왕의 세대 관계와 관련된 완고한 격식과 경직된 규칙은 남녀노소의 인권과 자유를 존중하는 바탕에서 풀고 고쳐나가야 하겠다. 즉, 기왕의 돌봄 방식의 어두운(暗) 면을 새 시대 생활방식에 알맞은 밝은(明) 면으로 대체, 수정하는 노력이 필요하다고 본다.

새 시대에 걸맞은 노부모 · 고령자 돌봄 방안을 가족의 안과 밖에서 창의적으로 찾아 나가면서 이 필요성을 신축성 있게 충족해 나가야 하겠다.

이렇게 함으로써 가족, 사회, 국가를 위해서 기여한 노부모 · 고령자를 존중하며 애정으로 돌보는 가족 및 사회의 연합된 접근을 할 수 있다고 믿는다.

책의 요점

●
●

　전통적 문헌과 현대 경험적 자료를 섭렵하여 노부모와 고령자를 위한 가족적 및 사회적 돌봄의 실천 과업을 한국 문화적 맥락에서 지속, 확장하고 수정, 개선할 사항을 탐색, 구명하였다.

　한국인의 가족 및 사회생활 윤리에 지대한 영향을 미친 조선 유학의 중심인물 퇴계(退溪 李滉)가 교시한 애정(愛情), 존중(尊重), 측은지심(惻隱之心), 서(恕) 및 공(公)의 가치를 발현하며 인간화된 고령자 돌봄을 실행하는 현황을 사례를 들어 탐사, 해명하였다.

　제1, 2장에서 고령자 돌봄의 인간화와 한국인의 전통적인 인간중시적 가치를 밝히고, 제3장은 고령자의 존엄을 받들며 인간화된 돌봄을 실천하는 데 관해서 논의하고, 제4장은 새 시대에 고령자 돌봄을 위하여 가족적 및 사회적 돌봄이 필요함을 논평하고, 제5장에서는 가족적 돌봄의 사례를 들어 실천상황을 살펴보고, 제6장에서도 사회적 돌봄의 사례를 들어 역시 실천상황을 탐사하고, 제7장에서는 두 가지 돌봄의 공통되는 목표를 해설하고, 제8장은 두 가지 돌봄을 개선, 보완할 과제를 제시하고, 두 가지 돌봄을 연계, 보완하는 과업을 밝히고, 제9장은 새 시대 노부모·고령자 돌봄의 인간화를 거듭 역설한다.

우리는 노부모·고령자 돌봄을 위하여 두 가지 긴요한 과제를 수행해야 하겠다.

하나는 전통적 인간중시적 가치를 지켜나가는 것이고, 다른 하나는 인간화된 돌봄을 실천하는 것이다.

퇴계가 경(敬)을 추구하기 위해서 제시한 가치, 즉 "참되고 건전한 윤리적 인간사회를 이룩하는 데 요구되는 자율적 가족 및 공동체 의식"이 노부모·고령자 돌봄을 실행하는 데 발현되도록 노력해야 하겠다.

목차

◇ 제1장 ◇

노인복지와
인간중시적 가치

1. 노인복지와 문화적 가치

사회복지는 가족생활과 사회생활에서 해결하기 어려운 욕구와 문제를 가진 사람들을 인도주의적으로 돌보는 도덕적 가치를 기틀로 시발되고 발전되어 왔다.

노인복지는 사회복지의 한 분야로서 이러한 가치를 발현하며 돌봄을 실행할 주 대상이 노인(고령자 高齡者)이다.

우리는 노인을 위한 사회복지돌봄을 모름지기 인간중시적으로 실행함을 사회적 의무로 삼고 있다. 돌봄대상자인 노부모를 포함한 고령자는 모두가 존엄성을 간직한 고귀한 사람들이기 때문이다.

'고령자'(高齡者)라 함은 나이가 들어 사회적, 심리적 및 생물학적 기능이 다소간 낮아진 분들을 말하며 '노인'(老人)과 같이 비하 또는 낮추어 보는 뜻이 들어 있지 않고 나이가 든 분들을 넓게 가리킨다. 권위 있는 국제노년학 · 노년의학협회(International Association of Gerontology and Geriatric, IAGG)는 the elderly, elders 및 seniors의 용어를 가장 흔히 사용한다. 이 용어에는 '고령자'와 유사하게 존중한다는 뜻이 스며들어 있다. 이 책에서는 노인(老人)이란 용어를 고령자와 관련된 법률적 및 행정적 사항에 한해서만 사용한다.

위와 같은 고령자를 위한 사회복지돌봄은 문화적 가치와 맞물려 실행된다(Kahn, 1979; Jansson, 2013). 가치는 문화 속에 사는 사람들이 중요하다, 바람직하다, 올바르다, 도움이 된다고 믿는 강한 믿음을 말한다(Titmuss, 1976; Singh, 2020). 이런 믿음, 가치를 기틀로 사회적 선택이 이루어지며 이 선택에 따라 고령자복지를 위한 목표의 우선 순위가 정해지고, 이 목표를 추구할 돌봄이 기획, 실행되는 것이다(Patti, 2000; Hasenfeld. (성규탁 역), 1985).

따라서 문화적 가치는 고령자를 위한 돌봄에 다대한 영향을 미치게 마련이다(Bradford & Burke, 2003; 이순민, 2016). 가치는 침윤성(浸潤性)이 강하여 사회복지에 쉽게 스며들어 이처럼 돌봄의 방향과 방법을 선정토록 이끄는 지렛대 역할을 한다(Myrdal, 1958: 260-261; Titmuss, 1976).

사람을 존중하며 사랑하는 인간중시적 가치는 바로 이러한 역할을 하는 우세한 가치이며 돌봄제공자가 준수해야 할 윤리적 원칙을 이룬다.

우리는 이러한 가치를 전통적으로 간직해 오고 있다. 한국인은 다음 절에서 논설하는 사람존중(人間尊重) 사람사랑(人間愛)의 고귀한 가치를 이어받고 있다.

이 가치는 보편성이 뛰어나고 항구성이 짙어 사회적 변화에 따라 쉽게 변하지 않는다. 오늘날 우리 문화에서 발현되어야 할 고귀한 가치로서 상존하고 있다고 믿는다.

2. 한국인의 전통적 인간중시적 가치

한국문화에서는 인간을 존중하는 가치가 오랜 세월 동안 이어져 왔다.

우리는 서양문화에 못지않게 인간을 중시하는 고유한 문화적 전통을 간직하고 있다. 홍익인간사상에서 발원하여 불교와 유교를 거쳐 동학과 기독교에 이르는 인간중시 사상을 기틀로 하는 문화적 맥락이 이루어지고 있다.

홍익인간사상

우리의 사람존중 사상은 건국신화 정신이 표상하는 홍익인간(弘益人間)이념에서 발원한다. 이 이념은 보편적으로 사람을 사랑하고 존중하며 모든 인간의 이익과 번영을 공평하게 추구함이 그 근본정신이다(백락준, 1962; 손인수, 1992; 최문형, 2004).

홍익인간사상을 인류공영(人類共榮)이라는 뜻에서 민주주의의 기본정신과 부합되며, 유교의 인(仁), 불교의 자비(慈悲), 기독교의 박애(博愛) 정신과 상통하는 전 인류의 이상으로 보고, 한국의 교육이념으로 삼아 교육법 제1조에 그 조문을 설정해 놓았다(법률 제4879호 교육법).

불교의 자비

불교가 고창하는 자비(慈悲)는 순수한 인간애, 즉 사람사랑이다. 내 가족과 국가를 초월한 모든 것에 미치는 사랑이다. 불교의 비(悲)는 생명에 대한 조건 없는 존중을 나타낸다(최문형, 2004: 347: 권경임, 2009). 모든 생명을 차별 없이 존중하는 인간중시 사상을 기본으로 하는 이타적 실천을 가르치고 있다(이중표, 2010).

유교의 인

불교와 나란히 오랫동안 조선인의 사고와 생활에 지대한 영향을 끼친 유교의 기본은 인간애와 인간존중을 핵심으로 하는 인(仁)에 기틀을 두고 있다. 인에 대한 해설은 다음 절에서 논하는 퇴계의 가르침에 깊이 담겨 있다.

동학의 인간관

동학의 인간관은 인내천(人乃天, 인간이 곧 하늘임)과 사인여천(事人如天, 사람 섬기기를 하늘을 받드는 것같이 함)에서 드러난다. 이러한 가치관에서 인간 존엄성을 높이 받드는 사상을 찾을 수 있다(유영익, 1992). 천(天 하늘)은 가장 높은 가치체계 즉, 도덕과 윤리를 이룩하는 원리이며 이상이다. 조선인의 주체성을 갖춘 만민평등 사상으로 인간적 가치를 최고 규범으로 삼아 인간중시 윤리를 높이 받들었다(손인수, 1992: 최문형, 2004).

기독교의 박애

근대에 널리 포교된 기독교에서는 박애를 표상하는 아가페 (Agape)가 가장 고귀한 사랑이며, 이는 곧 하나님의 사랑이다. 보편적이고 조건 없는 사랑이며 모든 인간을 위해 나를 바치는 능동적 사랑이다.

성서(聖書)는 이런 사랑으로 인류를 위한 봉사를 하도록 다음과 같이 가르친다.

> 주린 자에게 네 식물을 나누어 주며 유리하는 빈민을 네 집에 들이며 벗은 자를 보면 입히며 또 네 골육을 피하여 스스로 숨지 아니하는 것이 아니겠느냐. (이사야 58장 6-9).

네 이웃을 네 몸과 같이 사랑하라는 가르침이다. 뭇사람에게 베푸는 사랑, 헌신적 사랑이다.

이러한 아가페의 사랑으로 이웃공동체 안에서 도덕적 형평성과 상호성을 발현하며 자비로운 구원을 넓고 깊게 실행해야 한다(김시우, 2008).

위에 약술한 홍익인간이념에서 기독교교의에 이르는 한국 특유의 사람을 존중하며 애정으로 돌보는 전통문화적 맥락이 이루어지고 있다(류승국, 1995: 136-137; 최문형, 2004: 27).

이러한 맥락에서 우리는 인간중시문화의 바탕을 공고히 하여 고령자를 위한 인간화된 돌봄에 대한 현대적 자각을 깨우쳐 나가야 한다고 믿는다.

정(情)과 돌봄: 한국인의 속성

위와 같은 인간을 중시하는 문화적 맥락에서 한국인은 인간관계를 유지하는 데 정(情)을 발현하는 특성을 간직하고 있다.

한국인의 정은 사람들과의 유대감을 조성하며, 강한 친밀감을 느끼게 하고, 따스하고, 계산하지 아니하고, 보답을 요구하지 아니하며 서로 간에 동시에 발생하는 호의적 심리이다(임태섭, 1994, 18-24).

정은 서로 돌보아 주려는 의지를 담고 있다. 정을 주는 사이에서는 상대방이 직면하는 문제에 대해 염려하며 개입하려는 경향이 짙다(이수원, 1984: 104).

그래서 정은 돌봄(보살핌, care)을 내포하고 있다. 더욱이 상대방에 대한 존중과 애정 그리고 측은지심을 두루 담고 있어 인간관계를 이루고 지속하는 데 필수적 요소가 된다(윤태림, 1970). 정은 우리 민족 나름의 인간존중의 정서이다.

이러한 정은 우리의 인간화된 노인복지를 고양하는 문화적 가치의 부분을 이루고 있다.

3. 퇴계(退溪)의 가르침: 인간중시적 이념과 실천

조선의 사회적 맥락에서 인간중시적 이념을 정립하여 가족 및 사회 윤리에 지대한 영향을 미친 인물로서 조선유교(儒敎)의 중심을 이룬 퇴계(退溪 李滉)를 들 수 있다(박종홍, 1960; 채무송, 1985; 김낙진, 2004; 도성달, 2012).

퇴계(退溪)는 인(仁, 넓고 깊은 사랑)은 사람이 실현해야 할 가장 중요한 가치이며, 모든 착한 행동의 으뜸이고, 생활을 올바르게 이끄는 기본도리라고 했다(이황, 퇴계집, 2003: 22, 89-94; 금장태, 2012: 13장).

존중(尊重), 애정(愛情)

인(仁)은, 퇴계가 밝힌 바와 같이, 사람을 존중(尊重)하며 애정(愛情)으로 대하는 데서 극치를 이룬다.[1] 어질고 너그러운 성질(덕성 德性)이 충만한 가치이다. 이러한 가치는 사람을 존중과 애정으로 돌보도록 가족과 사회를 이끈 힘이 되었다(금장태, 2001; 도성달, 2012).

퇴계는 하늘과 땅의 기를 받아 태어난 것 중에서 사람이 가장 귀하다고 했으며 더욱이 사람은 존엄(尊嚴)함으로 마땅히 존중되어야 함을 가르쳐 주었다(손인수 외, 1977: 123; 김낙진, 2004: 59).

사람을 존중함은 그를 멸시하거나, 푸대접하거나, 억압하거나, 배제하거나, 자유를 뺏거나, 생명을 해치면 아니 된다는 엄중한 뜻을 담고 있다.

퇴계는 먼저 부모를 존중하며 돌봄으로서 부모돌봄(事親孝)을 행하고, 이어 형제자매와 우애롭게 사귐으로써 형제(事兄弟)를 이루고, 다음으로 공동체의 뭇사람을 돌보는 공(公)을 실행하되, 이 모든 것을 공평하게 실행해야 함을 역설하였다(이황, 퇴계집, 202, 203; 이황, 성학십도, 인설).

---

1 사람존중은 사회복지돌봄, 의료, 이웃 봉사, 가족 돌봄 등 모든 돌봄을 하는 데 지켜야 하는 엄중한 윤리 도덕적 규범이다(한국사회복지사협회 윤리강령, 2023; 일본사회복지사회 윤리강령, 2006; U. S. NASW Code of Ethics, 2010).

이 경우 공평함은 자신과 가까운 사람이나 먼 사람이나 은혜를 입은 사람이나 아니 입은 사람이나 모든 사람이 공평하게 서로 사랑하고 서로 존중함으로써 이룩된다. 즉, 친소(親疏, 친근함, 친근치 않음)와 원근(遠近, 멀고 가까움)의 차이가 없다. 퇴계의 이일분수(理一分殊)의 원칙이 적용되는 것이다(퇴계, 성학십도, 서명; 도성달, 2012: 123).

퇴계(退溪)는 사람은 '나'만을 위한 개인적 이득을 추구하는 데 얽매이지 않아야 하고, 부모자녀가 서로 사랑하며 돌보듯이 다른 사람도 사랑하며 돌보는 것이 올바른 도리임을 가르쳤다(성학십도, 서명). 퇴계의 다음 말은 가족원들 사이의 애정과 존중이 넓은 사회의 뭇사람에게 미쳐야 함을 호소한 것이다(성학십도, 서명).

> 나이 많은 이를 높이는 것은 천지의 어른을 어른으로 대접하는 것이다.
> 천하의 파리하고 병든 사람, 고아와 자식 없는 노인, 홀아비와 과부는 모두 내 형제 가운데 어려움을 당하여 호소할 데 없는 자들이다.
> 외롭고 약한 이를 불쌍히 여기는 것은 천지의 어린이를 어린이로 대하는 것이다.
> 백성은 나의 동포요, 사물은 나와 함께 사는 무리이다.

고령자를 위시한 사회적 약자는 모두 나의 형제이며, 이들을 인도적으로 돌보아야 함을 호소한 말이다. 이런 호소는 사람을 존중하고 사랑하며 공평하게 뭇사람에게 돌봄을 베푸는 이타적 공(公)의 가치를 나타낸다. 공은 '널리 베풀어 만물을 돌보아 구제함'이다(퇴계집: 201-202: 성학십도, 인설).

퇴계가 교시한 존중 및 애정을 뭇사람에게 발현하며 제공하는 돌봄은 사회적 계층을 초월한 보편성을 갖추었으며 인간중시적으로 공동선을 추구하는 사상을 나타낸다.

측은지심(惻隱之心), 서(恕)

퇴계는 측은(惻隱)히 여기는 마음은 인(仁)을 발현하는 방법임을 밝혔다(성학십도, 인설).

나의 가슴속에 가득한 남을 위한 측은한 마음이 관철, 유통되어 막힘없이 두루 퍼지도록 함으로써 인과 일치할 수 있다고 했다(성학십도, 인설).

즉, 어려움에 처한 약자를 대가를 바라지 않고 마음속에서 우러나오는 동정심으로 돌보려는 인간화된 돌봄 지향적 마음이오, 가치이다.

퇴계는 서(恕)도 또한 인을 베푸는 가치로서 다른 사람을 자신처럼 사랑하며 존중하는 방법이라고 했다(성학십도, 인설).

서는 "어진 자는 자기가 서고자 하면 남을 세워주고, 자기가 도달하고자 하면 남이 도달하게 함이다"(논어, 옹야, 30).

사람을 돌본다는 것은 사람들 사이에서 이루어지는 일종의 교환 관계이다. 이 관계가 원만하고, 공평하게 서로의 욕구를 수용해서 이루어지도록 하는 힘 또는 가치가 곧 서이다.

공(公)

인(仁)을 발현하는 공(公)-뭇사람을 위한 돌봄-을 강조한 점도 역시 퇴계의 가르침이다.

다음은 퇴계의 공(公)을 밝히는 말이다.

> 인(仁)의 마음은 따뜻하게 남을 사랑하고 모든 것을 이롭게 하는 마음이며 사심(私心) 없이 이타적(利他的)인 측은한 마음이다. (성학십도, 인설).
> 내 가족 내에서 어른을 존중해야 하고 가족 밖에서는 다른 가족의 어른을 존중해야 한다.

퇴계는 나만을 위한 사사로움에 얽매이지 않아야 하고, 남과 한결같이 나누어 가짐으로써 여러 사람과 친근하고 따뜻한 인간적 관계를 이룸이 올바른 길이라고 역설했다. 공의 가치를 밝힌 것이다 (성학십도, 서명: 48).

공(公)을 위한 돌봄: 향약(鄕約)

퇴계가 공을 사회현장에서 실천에 옮긴 업적이 향약이다. 향약은 조선 시대 향촌 주민의 상호부조(서로돌봄)를 실행한 민간주도의 복지사업이다. 사회적 계급을 초월하여 공평한 재정적 원조와 사회적 돌봄을 제공해서 향민의 기초적 욕구를 충족한 공을 위한 사업이다 (유병용 외, 2002: 48; 정순목, 1990; 나병균, 1985).

이 사업의 기틀이 퇴계가 창도한 애정 · 존중 · 측은지심 · 서 · 공으로 실현하는 인간중시적 사상이라고 본다. 실제로 이러한 사상을 발현한 다음과 같은 돌봄이 약정되어 실천된 것이다.

- 구난(救難, 화재나 도난 같은 갑작스러운 어려움을 당한 자를 지원하는 사업)
- 질병구제(疾病救濟, 병든 자를 돌보아 살리는 사업)
- 고약부양(孤弱扶養, 고아를 자립할 때까지 돌보아 주는 사업)
- 빈궁진휼(貧窮賑恤, 가난하고 어려운 자에게 물질적 지원을 하는 사업)
- 가취보급(嫁娶普及, 어려운 가정의 아들딸을 출가하도록 돕는 사업)
- 사장조위(死葬弔慰, 초상을 당한 자에게 부조와 위문을 하는 사업)
- 사창경영(社倉經營, 곡식을 저장하여 식량이 필요한 약원들에게 대여하는 사업)

퇴계가 향약(鄕約)으로 실행한 위와 같은 돌봄사업은 (仁)을 발현한 사례라고 볼 수 있다(퇴계집, 경연강의 9; 손인수 외, 1977; 나병균, 1985; 정순목, 1990).

이 사업에는 鰥(환) 寡(과) 孤(고) 獨(독)-환(나이 많아서 아내를 여의고 혼자 사는 남자 노인); 과(나이 많아서 남편을 여의고 혼자 사는 여자 노인); 고(자녀가 없이 홀로 사는 노인); 독(의지할 곳 없이 홀로 사는 노인)-을 공평하게 돌본 사업이 포함되어 있다.

이러한 향약의 인간화된 돌봄은 오늘날 사회에서도 적용할 만한 사회복지 내지 고령자복지의 틀을 갖추었다고 볼 수 있다.

4. 돌봄 실행의 기틀이 되는 가치: 존중, 애정, 측은지심, 서, 공

퇴계가 인을 발현하는 가치로서 역설, 교시한, 위와 같은, 존중(尊重) · 애정(愛情) · 측은지심(惻隱之心) · 서(恕)와 아울러 공(公)은 오늘의 발전된 테크놀로지가 퍼져 있는 산업사회에서도 보편성이 짙은 가치로서 고령자를 인간중시적으로 돌보는 데 지켜야 하는 윤리 도덕적 기준으로 기능할 수 있다고 믿는다.

이 가치 가운데에서 특히 존중은 '돌봄'을 내포하고 있어 그 중요성이 더 해진다. 윤리학자들은 돌봄은 존중의 일부이며(part of respect), 존중은 돌봄을 내포한다고 규정한다(Downie & Telfer, 1969; Dillon, 1992; Ghusn et al., 1996).

존중함으로써 제공자는 돌봄을 받는 고령자에게 긍정적 태도를 간직하며 그분을 소중한 사람으로 대할 수 있다. 존중받는 고령자는 자기 존중감을 높이고, 자신을 쓸모 있는 사람으로 여기며, 그의 문제를 제공자에게 솔직히 토로하여 돌봄과정에서 제공자와 협조적 관계를 이루어 바람직한 돌봄 결과를 이룩하게 된다(Gibbard, 1990; Damon-Rodriguez, 1998; Sung & Dunkle, 2009).

존중은 더욱이 돌봄 실행에 필요불가결한 인간 존엄성을 받드는 가치이며, 마음이자 행동이다.

한국의 문화적 맥락에서 퇴계가 교시한 위와 같은 존중, 애정, 측은지심, 서, 공의 가치는 노인복지 활동에 스며들어 인간화된 돌봄에 대한 생각과 행동을 인도하는 지렛대 역할을 할 수 있다고 믿는다.

저명한 사회복지 연구자들은 복지국가가 안정되게 발전하기 위해서는 다수 시민이 보편적으로 받드는 가치에 사회복지의 기틀을 두어야 한다고 단언한다(Kahn, 1979; Jansson, 2013; Singh, 2020).

이러한 기틀이 될 수 있는 위의 가치는 고령자를 위한 인간화된 돌봄을 실행하는 데 마땅히 발현되어야 한다고 믿는다(손인수, 1992; 도성달, 2012; 성규탁, 2023).

'우리' 속의 인간중시적 관계

한국인의 인간관계에서 일어나는 중요한 현상은 위와 같은 문화적 맥락에서 '우리' 집단을 구성하여 유지하는 것이다. 가족은 우리를 이루는 기틀이 된다. 부단히 다른 사람을 우리 관계 속에 포함시켜 우리 관계를 강화하는 것이 곧 인간관계의 일차적 기본 축이 된다(최상진, 2012: 117-125). 가족관계와 인간관계를 중시하는 한국인의 특성이다.

한국인의 인간관계를 더욱 인간적으로 만드는 가치가 앞서 거론한 정(情)이다. 정은 우리를 이룩하는 접착제 역할을 한다. 정은 장기간에 걸친 접촉을 통해서 가랑비에 옷이 젖는 것처럼 자신도 모르게 서서히 쌓이는 것이며 일단 든 정은 떨어지기 힘들다.

한국인의 정의 발달은 부모의 자녀 양육방식과 가족관계의 특성에서 그 배경을 찾아볼 수 있다. 한국가족은 정으로 뭉쳐진 집단이다. 부모는 자녀에게 무한한 정을 주며 자기 자신과 동일시하며 자식을 위해서 살고 자식을 위해서 희생한다. 가족 사이에 끊임없는 동질성, 하나 됨, 상호의존, 상호부양을 실현하는 관계이다(최상진, 김기범, 2011: 56; 성규탁, 2015). 부모의 핵가족, 자녀의 핵가족, 손자녀의 핵가족으로 이루어진 가족망 안에서 이러한 관계가 이루어진다.

'우리' 관계는 이렇게 정을 바탕으로 한 심정 관계이다. 이 관계에서는 서양의 개인주의에 직합한 행동 중심적, 객관적, 합리적 마음이 억제된다. 오히려 정 중심적이고 상대를 겸손하게 존중하는 마음, 측은지심과 서, 그리고 공이 주도하는 상호관계의 틀이 작용한다고 본다.

한국인의 이러한 관계는 위와 같은 존중(尊重), 애정(愛情), 측은지심(惻隱之心), 서(恕) 및 공(公)을 기틀로 하는 문화적 맥락에서 정(情)으로 뭉쳐진 우리 속에서 이루어지는 인간중시적 특성을 갖는다고 믿는다.

퇴계는 이러한 우리를 이루는 뭇사람 간의 사회적 관계를 호혜적(互惠的, 서로돌봄을 주고받는) 관계로 해석하였다. 그는 뭇사람이 가슴속으로부터 일체감을 느끼며 살 수 있는 사회를 꿈꾸며, 그것은 타인을 사랑하고 존중하는 마음에서 가능성을 찾아야 한다고 했다. 서로 사랑하고, 서로 존중하며 호혜적으로 공(公)을 이루며 살아가는 것이 퇴계의 이상사회(理想社會)였다고 본다(퇴계집, 무인육조소; 김낙진, 2004).

◇ 제2장 ◇

고령자복지와
돌봄의 인간화

1. 노고객에 대한 인간중시적 접근

돌봄을 받는 고령의 고객(이하 노고객)에게 위와 같은 가치를 발현하며 인간화된 돌봄을 제공함은 돌봄제공자(이하 제공자)가 실행할 윤리적이고 도덕적인 의무라고 믿는다(Towle, 1965; 한국사회복지사협회 윤리강령, 2023; 일본사회복지사회 윤리강령, 2006; U. S. NASW, Codes of Ethics, 2010).

우리나라 '노인복지법' 제2조에는 노인은 존경을 받을 권리를 향유한다고 규정되어 있다.

다시 말해서 돌봄을 받는 노고객은 고귀한 사람이기 때문에 이분에게 당연히 도덕적으로만이 아니라 법적으로도 인간화된 돌봄을 제공해야만 한다는 규약이다.

사람을, 태어나서부터 간직하는 하늘이 주신 존엄성을 받들면서 진심으로 존중하는 것이다. 그에게 관심을 가지고, 그를 이해하고, 그의 어려움을 딱하게 여기며 이를 해소하기 위해 돌보아 주려는 마음이고 행동이다(Rogers, 1977; Downie & Telfer, 1969; 양옥경, 2017). 따라서 사람을 업신여기고, 귀찮은 존재로 보고, 그의 어려움을 무시하며 학대, 배제, 유기, 방임, 착취하는 데에서는 이렇게 인간중시 가치로써 받들어지지 못하는 것이다.

중요한 점은 사람(제공자)이 사람(노고객)을 다루는 순전한 인간 대 인간의 상호관계 속에서 노고객 돌봄이 진행된다는 사실이다. 사람(인간)이란 주제에 관심을 가지는 이유는 다음과 같은 문제가 돌봄 세팅에서 흔히 발생하기 때문이다.

돌봄을 받는 노고객(사람)을 업무실적을 달성하기 위한 수단으로 취급하거나 보고서에 기록할 숫자로 보거나 볼품이 없는 존재로 무시하거나 개인적 승낙 없이 고역을 시키는 경우가 있다. 그뿐만 아니라 노고객을 무시하고, 차별하며, 학대하는 불상사도 일어난다. 이런 사례는 사람 돌봄의 지상목표인 존엄성을 받들어 인간중시 가치를 발현하는 데 부정적 영향을 미친다.

제공자는 노고객을 돌보는 과정에서 이런 비인간중시적 행위를 억제하는 데 주력해야 한다.

2. 노고객의 특성과 제공자의 과제

사회복지돌봄을 받는 노고객은 폭넓은 사회적 배경을 가진 존엄한 인격자이다.

돌봄을 받기 위해 사회복지시설을 방문하는 이분들에게 제공자가 어떠한 도덕적 평가를 하느냐에 따라 제공되는 돌봄이 달라질 수 있다.

따라서 제공자는 다음 두 가지 상호 연관된 과제를 다루어야만 한다.

첫째, 사람을 돌봄 대상으로 하므로 돌봄에 도덕적(道德的) 차원이 반영되어야 한다.

둘째, 제공자와 고객 간 대면적 상호관계(對面的 相互關係)가 바람직하게 이루어져야 한다.

이런 과제가 사회복지돌봄의 특성을 이룬다.

3. 돌봄기법과 제공자의 가치

사회복지돌봄의 기틀이 되는 지식은 아직도 불완전하고 모호한 점이 있다. 인간 속성의 복잡성 및 변화성에 대한 관찰, 측정이 곤란함으로 인간의 생물학적, 심리적 및 사회적 기능에 관한 지식에는 불확실성이 내재한다.

이러한 맥락에서 제공자가 고수하는 가치관이 노고객을 돌보는 데 중요한 역할을 하게 된다(양옥경, 2017; Sung & Dunkle, 2009; Bradford & Burke, 2005).

제공자는 그가 속하는 조직(시설)의 실천이념을 발판으로 고객에게 돌봄을 전달한다. 이 이념은 거의 인간중시적 가치를 담고 있다. 하지만 제공자가 고객의 인성(人性)과 문제를 어떻게 보느냐에 따라서 달라질 수 있다. 그의 개인적 가치가 고객과의 상호관계에 개재되는 것이다.

그래서 제공자는 고객의 인성과 문제에 대한 자신의 견해를 중요시하고 자기편의 위주로 돌봄을 실천할 수 있다. 이렇게 되면 제공자는 도덕성과 공평성을 무시하고 그 자신의 자유 재량권 행사를 정당화할 수 있다.

이런 부도덕, 불공정이 작용하는 경우 다음 절에서 논하는 돌봄의 인간화를 이룩할 필요성이 당연히 증대하게 된다.

4. 대면적 상호작용과 돌봄의 인간화

노고객을 위한 돌봄은 앞서 지적한 도덕적 차원에서 제공자·노고객이 대면적 상호관계를 이루어 전달된다. 이 상호작용의 형식과 내용은 다시 말해서 노고객을 위한 돌봄기법의 선택과 적용에 커다란 영향을 미칠 수 있다.

고령자를 돌보는 데 제공자가 지켜야 할 필수적 요건은, 제언해서, 도덕적으로 그분의 존엄성을 받들어 인간중시적 돌봄을 실행하는 것이다. 이렇게 돌봄을 실행하기 위해서는 지식과 기술만을 가지고는 부족하며 어려움에 처한 노고객을 겸손하게 존중하며 정답게 애정으로 돌보아 주어야 한다.

심리치료의 원조 C. Rogers(1961: 82)는 치료자가 고객을 수렴하는 심정으로 존중할 것을 강조하며 고객에게 따뜻하고 긍정적이며 애정에 찬 반응을 보여야 함을 강조하였다. 이렇게 수렴된 고객은 안심하며, 긴장을 풀고, 어려움에서 오는 공포를 줄이게 된다는 것이다. Rogers는 이런 인간적인 관계를 이루는데 고객에 대한 존중과 애정이 따라야 함을 아래와 같이 강조하였다.

> We know that if the therapist holds within himself attitudes of deep respect and full acceptance for the client as he is ······ if these attitudes are sufficed with a sufficient warmth, which transcends them into the most profound type of liking or affection ······ (Rogers, 1961: 74-75).

사회사업실천기법 연구의 대가 E. Gambrill(1983, 2017)도 역시 사회사업가는 돌봄을 실천하는 데 고객을 존중해야 함을 강조하였다.

위와 같은 학자들의 가르침은 퇴계가 교시한 존중-애정-측은지심-서-공을 발현하며 인간화된 돌봄을 실천함과 상통한다고 본다.

◇ 제3장 ◇

고령자 돌봄의 시발:
존엄성 고양

1. 존엄성을 높임

노인복지의 목적은 생활이 어려운 고령자가 개인적으로 만족스럽고 사회적으로 바람직한 방도로 생활토록 인간화된 돌봄을 제공하는 것이다(양옥경, 2017; Gambrill & Gibbs, 2017; Hasenfeld, 1985, 성규탁 역).

인간화된 돌봄을 제공하는 데는 무엇보다도 돌봄 대상인 고령자의 존엄성을 받들어야만 한다. 즉, 제공자가 지켜야 하는 기본적 원칙은 노고객이 자생적으로 간직하는 존엄성을 높여 주는 것이다.

다음 경전에 실려 있는 말은 인간은 존귀함으로 존엄성을 마땅히 받들어야 함을 엄연히 가르치고 있다.

천지의 기(氣)를 받아 생겨나는 것 중에서 인간만큼 귀한 존재는 없다. 이 귀한 인간을 위한 행위 중에서도 …… 존중하는 것이 제일 중요하다. (효경, 성치장).

존엄성을 받든다 함은 앞서 거론한 대면적 상호관계에서 노고객을 고귀한 사람으로 대하고, 그분의 의견과 소망을 중요시하고, 그분의 자기 존중감을 높여 주며, 그분이 어려울 때 도와주는 것이다. 그분을 멸시하거나, 값이 없고 귀찮은 존재로 보거나, 방치상태에 놓아둘 때 존엄성은 훼손된다.

존중함으로써 존엄성을 받들 수 있다.

윤리학자들은 인간의 간절한 욕구는 존중을 받는 것이라고 한다. 즉, 존엄함을 인증받는 것이다(Downie & Telfer, 1969; Ghusn et al., 1996).

존엄성을 받드는 존중은 돌봄의 시발점이라고 본다(Gambrill, 1983; Sung & Dunkle, 2009; 양옥경, 2017). 존중함은 고객을 처음 접수할 때부터 돌봄이 진행되는 전 과정을 통해 실행되어야 한다.

존중함으로써 제공자는 노고객에 대해 긍정적 태도를 간직하면서 그분을 소중한 사람으로 대할 수 있다. 이렇게 존중받는 노고객은 자기 존중감을 높이고, 자신을 쓸모 있는 사람으로 여기며, 가진 문제를 제공자에게 솔직히 토로하고, 돌봄과정에서 제공자와 협조적 관계를 이루게 된다(Damon-Rodriguez, 1998; Sung & Dunkle, 2009). 따라서 존중은 노고객과 제공자 간의 바람직한 관계를 이룩할 수 있다.

연구조사에 의하면 고객은 일반적으로 제공자가 실제로 제공한 돌봄 자체보다도 존중받는 것을 더 긍정적으로 평가하는 경향이다(Gibbard, 1990; Sung & Dunkle, 2009).

존중은 돌봄의 전 과정을 통해서 발현되어야 하지만, 특히 새로

맞이하는 노고객을 대할 때 행해야 할 요건이다. 첫 인터뷰를 하는 데 우애로운 태도와 함께 존중해 주는 것이 돌봄의 필수적 요건이라고 보고 있다(Dillon, 1992; Gambrill & Gibbs, 2017). 첫 접촉은 앞으로 돌봄을 계속해 나가는 데 필요한 고객과의 긍정적인 대면적 상호관계를 이룩하는 데 중요한 계기가 되기 때문이다.

돌봄을 옳게 하기 위해서는 제공자의 지식과 기술만으로는 부족하며, 그의 마음속에서 우러나오는 인간중시적인 정(情)이 발현되어야 한다(최상진, 김기범, 2011; Sung & Dunkle, 2009; Rogers, 1961).

다시 말해서 돌보는 데 지켜야 할 기본적 원칙은 고객을 존중하며 그의 존엄성을 받드는 것으로서 이 원칙은 제공자가 실행해야만 할 엄중하며 필연적인 윤리적 원칙이기도 하다(한국사회복지사협회 윤리강령, 2023(수정); 일본사회복지사회 윤리강령, 2006; NASW Code of Ethics, 2010).

2. 인간중시적 윤리

위에 거론한 도덕적 돌봄과 대면적 상호관계는 제공자와 노고객 간에 이루어진다.

제공자의 노고객에 대한 마음씨와 행동이 이 관계를 이룩하는 데 커다란 영향을 끼칠 수 있다. 제공자가 인간중시적 가치를 발현하느냐 않느냐의 선택 문제가 제기된다. 이러한 선택을 하는 데는 윤리가 개재되어야만 한다. 즉, 제공자가 인간인 고객에게 봉사하는 전문인으로서 마땅히 수행해야 할 도리이자 규범이 적용되어야만 하는 것이다.

개인적 자유와 평등사상으로부터 윤리문제를 끌어낸 서양(西洋) 나라의 윤리와 달리, 한국을 포함한 유교문화권(儒敎文化圈) 나라의 윤리는 가족적 관점에서 그리고 사람 대 사람의 인간 관계적 차원에서 윤리의 근거를 찾는다(윤성범, 1975; 손인수 외, 1977; Roland, 1989; 김낙진, 2004: 62-63). 이 가족 중심적이고 인간관계 중시적 성향이 한국인의 속성임을 제3장에서 논급한다.[1]

이러한 윤리는 제공자가 개입하는 개인, 집단 및 지역사회와 상호관계(인간관계)를 유지하는 데 지켜야 하는 원칙을 이루게 된다. 이 윤리는 사회복지돌봄을 올바르게 수행토록 통제하는 수단이 되기도 하며 이에는 인간중시적 가치가 스며들어 있는 것이다.

위에 논의한 가치와 행동을 고려하여 제공자가 노고객에게 돌봄을 제공하는 데 지켜야 할 윤리적 원칙으로서 다음을 들 수 있다.

- 존엄성을 받든다.
- 정(情)으로 대한다.
- 측은지심으로 돌본다.
- 성별, 사회적 계층 및 종교적 차이에 상관없이 공평성이 깃든 돌봄을 제공한다.

---

1 앞서 인용한 Titmuss의 제언-사회복지는 사회적 가치와 인간관계에 관한 것-을 참조할 것.

이어 다음을 지켜야 할 것이다.

- 노고객의 자기 결정을 존중한다.
- 노고객의 사 비밀을 지킨다.
- 노고객에게 개입방법 및 절차를 알려 준다.
- 돌봄조직(시설)을 노고객의 긍정적 변화를 이룩하도록 이끈다.

위와 같은 원칙에 따라 노고객 돌봄을 공평성 있게 제공함은 앞서 제시한 퇴계(退溪)의 이일분수(理一分殊)의 원리를 실현하는 것이라고 본다(성학십도, 서명; 도성달, 2012: 123). 즉, 자신과 가까운 사람이나 먼 사람이나, 친밀한 사람이나 모르는 사람이나, 은혜를 입은 사람이나 아닌 사람이나 모든 사람을 공평무사하게 대우하는 원리이다.

퇴계의 다음 말은 이러한 원리를 뒷받침한다.

> 돌봄이 필요한 사회적 약자인 개인, 집단, 공동체의 어른과 어린이는 모두 나의 형제이며, 이들을 마치 나의 친족과 같이 사랑으로 돌보아야 한다. (성학십도, 서명).

퇴계의 인(仁)에 대한 다음 정의를 보면 그의 이러한 호소에 담겨 있는 인간적 정을 이해할 수 있다.

> 인의 마음은 따뜻하게 남을 사랑하고 모든 것을 이롭게 하는 마

음이며, 사심 없이 이타적인 측은한 마음이다. (성학십도, 인설).

가족과 사회가 제공하는 돌봄은 마땅히 위와 같은 가치를 발현하며 전달되어야 할 것이다. 이러한 가치는 앞서 조명한 홍익인간이념에서 기독교교의에 이르는 우리의 인간중시적인 문화적 맥락에서 이루어지며 더불어 정이 깃들어져 있다고 본다.

폐지와 빈 곽을 주워 모아 팔아서 생계를 유지하며 몸에서 오물 냄새가 나는 고령자나, 몸치장과 의복을 잘 갖추고 향수 냄새를 풍기는 고령자나 다 같이 태어날 때부터 향유하는 존귀한 존엄성을 간직하는 사람이다. 성별, 종교, 사회적 지위, 국적에 상관없이 모두가 이러한 인간이다.

제공자는 모름지기 위와 같은 가치를 받들며 모든 돌봄 세팅에서 모든 존엄한 노고객을 위한 돌봄을 차별 없이 공평하게 인간화하는 과제를 감리, 수행해 나가야 한다.

보건의료의 발전과 생활 수준 향상에 힘입어 고령 인구는 증가하는 추세이다. 이런 추세와 생산인력 감축에 잇달아 70대, 80대에 들어서도 사회적 및 경제적으로 생산적 활동을 지속하는 고령자 수가 증가하는 추세이다. 이런 긍정적 변동을 겪는 고령자에게 독립적이며 생산적인 생을 이룩하도록 고도의 질을 갖춘 인간화된 돌봄을 제공해야 한다.

돌봄 제공자는 노고객을 위한 돌봄 방법을 여러 가지 대안을 두고 선택하게 된다. 사회복지 현장에서 돌봄을 위한 다양한 방법과 이 방법을 실행하는 절차를 선정하는 것이다.

이러한 선택에는 위와 같은 존엄성 고양의 가치적 요인이 개재되기 마련이다. 재언해서 고령자를 위한 사회복지의 기본적 가치는 존엄성을 받들어 인간화된 돌봄을 제공하려는 신념이다(양옥경, 2017; Jasson, 2013). 이런 신념은 우리의 전통적 인간중시적 가치와 상통하는 것이다.

하지만 사회복지돌봄을 제공하는 조직(시설)은 존엄성을 받드는 데 어려움이 있다는 공론이 제기되고 있다. 즉, 고객의 존엄성을 올바르게 고양하지 못하거나 훼손하는 경우가 발생한다는 비평이다.

3. 존엄성 훼손

고령자는 신체적, 정신적 및 사회적 어려움을 해소하기 위하여 사회복지 시설을 찾아 제공자를 만난다.

이분들을 돌보기 위해서는 돌봄에 관한 지식과 기술만을 가지고는 부족하며, 마음속에서 우러나오는 인간적 정으로써 존엄성을 받들어 주어야 한다.

돌봄이 실천되는 사회현장에서는 이렇게 존엄을 고양하는 데 어려움을 겪는 경우와 때로는 존엄을 훼손하는 경우가 발생한다.

예컨대 돌봄을 받는 고령자를 물건으로 취급하거나, 서류작성에 필요한 자료로 보거나, 보고서에 넣을 숫자로 취급하거나, 어린이나 볼품이 없는 존재로 보거나, 정상이 아닌 이단적이라고 보는 경우가 있다. 게다가 고령자는 모두가 가난하고, 허약하고, 남의 도움을 받는

다고 판에 박힌 듯이 일반화한다. 소위 stereotype 취급을 하는 것이다.

하지만 이와는 반대로 이분들을 인격과 권리를 간직하고, 경험과 지혜를 갖추고, 가족과 사회에 이바지하고, 어른 또는 성숙한 성인이고, 다수는 건강하고 독립성을 갖추었다고 보며 모순된 비평을 삼가 존엄성을 높이는 경우도 물론 있다.

위와 같은 대조적 시각을 염두에 두고 다음과 같은 존엄성을 훼손하는 불상사를 예방해 나가야 하겠다.

다양한 문제를 가진 노고객을 돌보는 데는 어려움이 깃들 수 있다. 어려운 상황에서도 제공자는 노고객의 존엄성을 해치는 경우와 높이는 경우를 식별할 수 있어야 한다.

돌봄 제공과정에서 다음 항목에 걸쳐 존엄을 손상할 수 있다.

고령자를 물건이나 숫자로 취급함

노고객을 인간으로 보지 않고 한 건의 서류, 접수 번호 또는 업적 보고를 위한 숫자로 취급하는 경우이다. 돌봄을 받기 전에 돌봄 대상자로 접수 번호가 매겨진다. 이 과정에서 표준화된 돌봄 절차에 맞아 들어가는 하나의 건수, 숫자, 물건으로 취급되는 것이다.

고령자를 비어있는 공간으로 취급함

시설은 운영자원이 부족하여 돌봄 업무의 우선순위를 미리 정하여 처리해 나간다. 그래서 고객의 문제가 악화하거나 심각해야만 만나 주게 된다. 이런 맥락에서 노고객이 돌봄을 요청하여도 제공자와 시설 당국은 이 요청을 감지하지 못하고, 응답하지 않고, 만나 주지 않는 것이다. 이 때문에 고통을 받는 노고객은 무시당하고 방치상태에 놓이게 된다. 그래서 비어있는 공간으로 취급되는 것이다.

고령자를 어린이나 힘없는 약자로 취급함

노고객은 그분이 오랜 세월에 걸쳐 쌓은 경험, 지식, 능력이 무시당하고, 마치 어린이나 힘없는 존재로 취급되는 경우가 있다. 제공자는 노고객을 이렇게 취급하기 때문에 그가 이분보다 힘이 더 있고 우세한 지위에 있다고 오판하게 된다. 이렇게 되면 그와 노고객 간 상호관계의 균형이 무너지고 만다. 고객은 약한 사람으로 무시당하고, 인격이 격하되고, 힘없는 어린이처럼 취급되는 것이다.

정상적인 사람으로 취급되지 않음

여러 가지 문제를 갖고 어려움에 신음하는 노고객은 사회적 규범과 관습에 맞는 몸가짐을 가지며 정상적 생활을 하지 못하는 경우가 있다. 이런 노고객이 찾아오면 이분을 옳은 정신을 갖지 않은 이상한 사람 또는 이단자로 취급한다. 옷차림이 단정하지 못하다, 몸이 불결하고 냄새가 난다, 사회적으로 바람직하지 못하다, 규정이나 법을 어기는 위반자다 등의 부정적인 낙인을 찍는다. 노고객은 이렇게 낙인이 찍히게 되어 무시당하고 배척당하며 심지어는 위험한 또는 두려운 사람으로 취급당한다.

위와 같은 비윤리적이며 비도덕적인 태도와 행동은 노고객의 존엄성을 훼손하게 된다. 이와 대조적으로 존엄성을 높일 수 있다. 존엄성을 고양하기 위해 제공자는 다음 사항을 실행할 수 있다.

- 노고객이 존엄을 간직한 사람이라는 사실을 염두에 둔다.
- 노고객의 가치관을 존중한다.
- 노고객과 도덕적인 태도와 인간화된 상호관계를 견지한다.
- 노고객의 문제를 그분의 이야기를 다 듣고 나서 판단한다.
- 노고객이 알 수 있고 받아들일 수 있게 분명하게 말한다.
- 노고객을 비판하거나 강의식으로 말하지 않는다.
- 노고객의 가족관계, 성별, 나이를 염두에 두며 겸손히 예의 바르게 대한다.
- 노고객을 도와주는 행동을 적극적으로 한다.
- 노고객의 문제를 무시하거나 가볍게 보지 않는다.
- 나의 가치관을 노고객에게 적용하지 않는다.
- 노고객을 존중한다. 그러면 그분은 자유롭게 이야기하게 되고 돌봄과정에서 제공자와 협조하게 된다.
- 노고객의 사회적 참여를 돕는다. 참여치 못함으로 생기는 고독, 사회적 배제, 심지어는 자살은 존엄성을 훼손하는 심각한 문제이다.

4. 한국인의 성향을 참작한 존엄성 고양

돌봄은 한국 문화적 맥락에서 제공된다.

제공자는 다음과 같은 한국인의 성향을 신중히 참작하여 돌봄을

실행함으로써 존엄성을 높일 수 있다고 본다.[2]

1) 겸손 중시 성향

겸손 중시 성향은 한국인의 문화적 속성이다(최상진, 2012: 51; 송성자, 1997). 겸손은 사람을 존중하는 가치이다. 겸손한 사람은 나를 낮추고, 남을 높이며, 남의 의견을 받아들이는 언행(言行)을 한다(나은영, 차유리, 2011). 제공자가 할 첫째 요건은 노고객을 겸손하게 대하는 것이다. 다음과 같은 겸손한 행동을 하는 것이 바람직하다.

- 노고객에게 존경하는 호칭을 사용하여 정중히 인사한다. [호칭: 어르신, 선생님, 부인, 과장님, 박사님, 기사님 등]
- 돌봄이 필요한 데 관해 물어본다.
- 쉬운 말로 천천히 정확하게 말한다.
- 그분의 말을 이해하려고 노력한다.
- 그분의 청력을 파악해서 내가 할 말의 크기와 속도를 조절한다.
- 존경하는 마음이 말에 담기도록 겸손히 말한다.

우리의 문화적 맥락에서는 위와 같은 겸손함을 지킴으로써 노고객의 존엄성을 높일 수 있다.

---

2 한국인의 성향은 여러 가지 있으나 이 책에서는 저자가 중요시하는 다음 3가지에 대해서만 거론하고자 한다.

2) 가족 중시 성향

다수 고령자는 한국인의 속성인 가족 중심적 가치관과 생활 태도를 공유하고 있다(신용하, 2004; 최재석, 2009; 최연실 외, 2015: 38-39). 고령자는 나이가 낮은 세대보다 가족에 대한 전통적 가치관을 가지는 경향이 짙다(한경혜, 성미애, 진미정, 2014; 박종서 외, 2020).

노고객의 가족 중심적 성향을 이해해야 한다. 가족체계 내 소문화 속의 노고객의 가치관, 상호관계, 소통형태, 권력 구조 및 의사결정과정을 파악, 수렴해야 한다. 그럼으로써 필요에 따라 이를 조정함으로써 어려움을 해소할 수 있다(Simmel, 2008).

노부모·고령자의 가족체계 내 가부장 또는 우두머리로서의 권위를 존중해야 한다. 이분에게 다른 가족원보다 위의 자리를 주고, 먼저 말할 기회를 주고, 존댓말을 사용해야 한다. 이렇게 하여 그의 체면을 세워주어야 한다. 그의 체면이 손상되면 가족 전체의 협조를 얻기가 어렵다. 그의 권위가 가족에게 해가 될 때는 이를 조심스럽게 수정해 나가도록 한다.

가족은 외면적으로 나타나지 않는 힘을 가진다. 즉, 부부, 자녀 등 친족을 친밀하게 결합하는 애정, 존중, 측은지심 및 서이다. 이 힘에다 가족의 명예와 위신을 세워 사회적으로 올바른 일을 하려는 고령자의 욕구를 충족하도록 도와줄 수 있다. 이런 도움을 통해 노고객의 존엄성을 고양할 수 있다.

3) 관계 중시 성향

한국인은 사회적 맥락에서 타인에 대한 감정이입과 수용적 태도를 함양하며 상호관계적 '우리 자아'를 가지는 성향이 있다(김낙진, 2004: 63-64; Roland, 1989).

'우리 자아'는 가족과 집단의 명예와 강하게 동일시하는 데서 생기는 자아존중을 의미하고, 문화적으로 권장하는 경로(敬老)와 세대 간 돌봄 의무에서 연유하며, 다양한 위계적 관계 속에서 사회적 예의(禮儀)를 지키는 데서 생긴다(Roland, 1989; 엄예선, 1994).

한국인은 이와 같은 '우리' 관계망 속에서 상호 연결되어 있다(엄예선, 1994; 송성자, 1997).

노고객을 '우리'를 이루는 가족중심 관계망 속에 존재하는 개인으로 보아야 한다. 우리의 일원으로서 우리의 공통적인 의견을 존중하고 우리의 이득에 위배되는 것은 하지 않으려는 성향이 있다. 이런 성향을 이해하고 존중함으로써 존엄성을 받들어 줄 수 있다고 본다.

노고객을 둘러싼 가족중심 관계망을 염두에 두고, 그의 상호의존적 망을 이루는 가족, 친척, 이웃, 친구, 직장. 사회단체 등을 식별하고, 노고객과 이들의 서로 돌보는 관계를 파악해야 한다(성규탁, 1990).

5. 노고객에 대한 겸손한 접근

위와 같은 한국인의 속성을 염두에 두고 노고객의 존엄성을 받들며 겸손하게 돌봄을 제공함은 제공자·고객 간 대면적 상호관계에서 지켜져야 할 도덕적인 의무라고 믿는다(양옥경, 2017: Towle, 1965).

사람이 존엄하다 함은 그가 태어나서부터 간직하는 고귀한 사람됨을 귀중하게 여기면서 겸손하게 존중하는 것이다. 그에게 관심을 가지고, 그의 의견을 존중하고, 그의 어려움을 딱하게 여기며 돌보아 주려는 마음이고 행동이다(Downie & Telfer, 1969: Rogers, 1977; 양옥경, 2017). 따라서 사람을 업신여기고, 귀찮은 존재로 보고, 그의 어려움을 무시하는 데에서는 이러한 겸손한 인간적 가치가 발현되지 못하는 것이다.

중요한 점은, 앞서 지적한 바와 같이, 사람(제공자)이 사람(고객)을 다루는 순전한 인간 대 인간의 대면적 상호관계에서 도덕적인 돌봄이 진행된다는 사실이다.

사람(인간)이란 주제에 관심을 가지는 이유는 돌봄과정에서 부도덕하고 비인간적 문제가 흔히 발생할 수 있기 때문이다.

앞서 논한 바와 같이 돌봄을 받는 고객(인간)을 업무실적을 달성하기 위한 도구나 숫자로 보는 경우가 엿보인다. 그뿐만 아니라 고객을 무시하고, 차별하며, 학대하는 불상사도 일어난다. 이런 바람직하지 못한 사례는 제공자의 지상목표인 인간 존엄성을 받드는 데 부정적 영향을 미치게 된다.

제공자는 존엄성을 간직한 노고객에게 미칠 수 있는 이런 비인간중시적 영향을 감소, 억제하는 노력을 적극적으로 해야 한다.

이러한 노력은 비단 사회적 세팅에서뿐만 아니라 가족적 세팅에서도 이룩해야 할 윤리 도덕적인 마음이고 행동이라고 믿는다.

◇ 제4장 ◇

새 시대의
고령자 돌봄

1. 가족적 돌봄과 사회적 돌봄: 논평과 실황

나라와 사회가 민주화되고 경제적으로 부유해지며 사람들의 사회복지에 대한 이해와 욕구가 점증함에 따라 가족 그리고 사회가 노인복지를 증진하는 데 관한 경험적 자료가 발표되고 있다.

현대 사회복지의 효시를 이루는 영국의 사회보장제도를 꾸민 A. Beverage 경은 국가 대 개인(가족 소속)에 대해서 다음과 같이 언급하였다. "국가가 개인의 생활비를 충당해 줄 수 있다. 그러나 시민도 노력해서 자신의 수입을 올려야 한다"라고 타일렀다.

일본의 가족상속법(민법 VI)에도 이런 타이름과 비슷하게 국가 대 가족의 노부모 돌봄 책임을 다음과 같이 규정해 놓았다. '친족부양 우선원칙'에 따라 친족이 자체돌봄을 다 하고 난 후에 국가의 공적 생활보호를 신청할 수 있다.

중국은 노인인권보장법(1981 제정)에 따라 노인돌봄을 위해 가족이 중심 역할을 하되 국가가 생활을 보호하여 가족·사회 협동하에 거택안락(居宅安樂, 내 집에서 안락하게 여생을 보냄)을 추진하고 있다.

일본도 고령자를 가족을 비롯하여 친지 및 이웃이 돌보고 아울러 국가와 사회가 생활 부조, 보건의료, 문화활동 프로그램 등을 제공함으로써 재가복지(在家福祉, 내 집에서 복지를 이룩함)를 촉진하고 있다 (Heller, 2015).

한국에서도 노인복지법(준칙)을 제정하여 노인복지에 대한 책임을 국가와 지방자치단체(시, 군, 구)가 지되 국민(가족)도 다 같이 노인복지 증진에 힘쓸 것을 지정해 놓았다.

이러한 법적 조치는 대사회와 가족은 상호부조 관계를 이루면서 공동으로 고령자를 돌볼 책임이 있음을 규정한 것이다.

한편 학계에서도 이러한 규정에 상응하는 의견이 제시되고 있다.

미국 사회학·사회복지학 석학 E. Litwak(미국콜롬비아대학)(1985)는 가족적 돌봄과 사회적 돌봄을 결합할 필요가 있음을 주장하였다. 그는 가족이 제공하는 돌봄을 가족 외부체계가 제공하는 사회복지 돌봄으로 보완 내지 강화하는 방법을 제창한 것이다. 가족 안팎에서 제공하는 돌봄을 상호보완적으로 활용함으로써 가족의 연대성을 약화하거나 가족의 돌봄 역할을 빼앗지 않는 동시에 국가에 과중한 재정 부담을 부가하지 않으면서 고령자를 포함한 의존적 가족원을 돌볼 책임을 수행할 수 있음을 경험적 자료를 바탕으로 입증하였다.

일본 노년학 석학 D. Maeda(前田大作, 일본루타대학)(2004)는 일본은 사회보장제도하에 제공되는 사회적 돌봄과 가족중심으로 제공되는 가족적 돌봄이 연계되어 상호 보완, 지지할 수 있게 되었다고 자랑했다.

중국 노인복지학의 석학 두팽(杜鵬, 중국인민대학)(2013)은 중국은 전통적 가족중심의 효에다 사회보장제도에 사회적 돌봄을 부가, 보완해 종합적인 고령자 돌봄을 증진하고 있다고 했다.

한국에서도 두 가지 돌봄이 연계됨으로써 긍정적 효과가 발생한다는 사실이 경험적 조사자료로 보고되고 있다. 즉, 고령자의 삶의 질을 높이고(한형수, 2011: 487-488), 생활만족도를 높이며(권중돈, 2022), 가족관계 및 사회관계가 활성화되고(박정숙, 2000), 사회적으로 기여토록 한다(성규탁, 2023)고 보고되고 있다.

위와 같이 두 가지 돌봄이 연계되어 포괄적 고령자 돌봄을 지양, 성취하는 실상이 국내외에서 밝혀지고 있다.

하지만, 과연 두 가지 돌봄이, 이 책에서 설정한, 고령자 돌봄의 기본 가치인 존중, 인간애, 측은지심, 서 및 공을 어느 정도로 발현하며 실천되고 있는가에 대한 경험적 자료는 입수하기 힘든 실정이다.

이 가치를 기틀로 가족적 돌봄과 사회적 돌봄의 두 가지 돌봄이 실천되는 실황을 살펴보고, 돌봄의 인간화를 위해 개선, 보완하는 방안을 밝혀보고자 한다.

2. 가족과 사회의 고령자 돌봄

시대적 요망

요약해서 가족이 행하는 돌봄은 인간화된 돌봄을 면대면 개별적으로 제공하는 데 강하고, 사회가 하는 돌봄은 기술적 돌봄을 균일하게 여러 사람에게 제공하는 데 강하다.

새 시대에 두 가지 돌봄의 이러한 특성을 연계해서 공동목표 고령자 돌봄을 실천해 나갈 필요성이 날이 갈수록 증대하고 있다.

주목할 사실은 이러한 필요성과 실용성이, 전술한 바와 같이, 학계와 실천계에서 지적된 데 이어, 고령자 돌봄을 가족과 사회가 공동으로 수행해야 한다는 소견을 가진 한국의 성인자녀 수가 증가하고 있다. 고령자 돌봄 책임을 국가·사회와 가족이 공동으로 져야 한다는 성년이 약 20%(2010)이었든 것이 약 50%(2020)로 증가하였다(통계청 사회조사, 2020; 권중돈, 2021). 즉, 가족과 사회의 공동 돌봄에 대한 기대와 요청이 증대하고 있다.

이러한 사실은 가족과 사회는 고령자복지를 증진하는 데 가치, 욕구, 관심이 상호 교차, 중첩된 주체임을 시사한다.

3. 가족적 돌봄과 사회적 돌봄의 개요

가족중심으로 친밀한 유대관계를 가진 가족원들이 가족 세팅에서 자율적으로 실행하는 돌봄이 가족적 돌봄이고, 대사회의 각종 사회복지조직(시설)과 공익단체에서 전문적 돌봄을 법과 규정에 따라 타율적으로 실행함이 사회적 돌봄이다.

가족이 행하는 가족적인 돌봄과 사회가 행하는 사회적인 돌봄은 다 같이 노부모·고령자를 위한 사회복지돌봄을 실행한다, 다만 돌봄을 실행하는 사람이 다르고, 돌봄 세팅이 다르며, 돌봄 방법에 차이가 있는 것이다.

이 두 가지 돌봄의 일반적 속성을 다음에 간략하게 논하고, 제5장과 제6장에서 심층적으로 논의하고자 한다.

1) 가족적 돌봄

가족적 돌봄은 가족원의 자체돌봄의 잠재력과 역할을 증대하여 어려움을 예방, 해소해서 가족·가족원의 사회적 기능을 활성화하는 것이다.

전통적으로 가족원을 비롯한 친척이 노부모의 일상적 어려움을 해소하면서 돌보았다. 서로 의존하면서 서로 돌보는 친한 유대관계를 가진 가족중심 소집단이 자율적으로 행하는 돌봄이다.

부부의 핵가족, 자녀의 핵가족, 손자녀의 핵가족으로 이루어진 가족망을 통하여 상호부조한다. 이들이 퇴계가 교시한 애정, 존중 등 가치와 정(情)을 발현하며 대가를 바라지 않고 제공하는 정서적 및 수단적 돌봄은 노부모의 일상생활을 유지하는 데 불가결하다. 이들은 또한 예측할 수 없는 우발적 문제가 일어날 때 바로 대응해서 돌본다. 이처럼 일상적 삶에 필요한 돌봄을 스스로 면대면의 개별적 접촉을 하며 제공한다.

하지만 가족적 돌봄의 제한점은 전문 인력과 장비 및 시설을 갖추어 기술중심으로 돌보는 데 역부족이다. 이러한 제한점이 있지만, 가족적 돌봄은 사회적 돌봄을 실행하는 데 절실히 필요하다. 즉, 사회적 돌봄을 제공하는 사회복지조직(시설)과 공익단체는 가족의 참여가 없이는 운영할 수 없다.

위와 같은 사실을 고려하여 가족적 돌봄은 다음과 같은 돌봄을 행하는 특성을 간직한다고 요약할 수 있다.

- 인간화된 돌봄
- 자율적인 돌봄
- 개별화된 돌봄
- 우발적 문제에 대한 돌봄

그런데 노부모·고령자는 사회적 돌봄 활동이 증대하였음에도 불구하고 여전히 가족적 돌봄을 선호한다(이승호, 신유미, 2018). 가족이 위와 같은 퇴계가 교시한 가치를 발현하여 고독과 소외를 해소하며 인간화된 돌봄을 제공하는 안식처 기능을 하기 때문으로 보인다. 고령자의 다수(91%)는 어려울 때 제일 먼저 찾는 곳이 가족이며(성규탁, 2016), 다만 소수만이 돌봄시설에 입소하겠다는 의사가 있다(권중돈, 2019). 최근 조사에 따르면, 한국 고령자의 3분의 2가 내가 사는 내 집에서 생을 유지해 나가겠다는 의사표시를 하였다(한겨레신문, 2022. 8. 20).

가족적 돌봄은 가족 중심적 성향을 간직한 한국인이 오랜 세월에 걸쳐 실행해 온 문화적 관행이다(송복, 1999; 신용하, 2004). 가족중심 집단의 이러한 노부모 돌봄은 오늘날 나라의 사회복지 체계와 없어서는 아니 될 귀중한 자산이 되고 있다. 가족적 돌봄은 고령자를 위한 기초적 돌봄을 제공하면서 나라의 사회복지체계를 보완, 증진하기 때문이다.

현대국가는 이렇게 긍정적으로 이바지하는 가족에 대한 기대가
커서 나라와 사회의 고령자 돌봄에 대한 책임을 과도하게 가족에게
떠맡기는 경향이 없지 않다.

가족적 돌봄의 중심: 부모자녀 관계

가족적 돌봄의 기틀은 어느 시대, 어느 사회에서나 변할 수 없는
부모자녀 간 친(親)한 관계이다. 이런 관계 속에서, 퇴계가 지적한 세
대 간 호혜적(互惠的) 관계가 이루어진다. 자녀와 부모가 서로가 필
요로 하는 돌봄을 서로에게 제공하는 것이다. 인(仁)을 발현하는 서
(恕)의 실현이다. 이러한 관계로 이루어지는 가족적 돌봄에는 한국
인 특유의 정(情)이 스며들어 있다. 앞서 논한 바와 같이 정은 친밀
감을 가지게 하고, 따스하고, 계산하지 아니하고, 보답을 요구하지
아니하는 호의적 심리이다(임태섭, 1994). 정을 주는 사이에서는 상대
방이 겪는 어려움을 걱정하면서 돌보아 주려는 성향이 짙다(이수원,
1984: 104). 더욱이 존중, 애정 등 가치를 주로 담고 있어 인간중시적
고령자 돌봄을 이루는 데 필수적 요소가 된다(윤태림, 1970).

공교롭게 나라의 포괄적 장기요양제도가 가족적 돌봄을 사회적
돌봄으로써 보완하는 계기가 되었다. 그러나 이 제도를 운용하는 데
나라의 방대한 재원이 소요됨으로 고령자 돌봄 책임의 상당 부분을
가족에게 이양하는 정책을 기획, 실행하는 경향이다. 다음 장에서
가족적 돌봄에 관한 심층적 논의를 한다.

2) 사회적 돌봄

가족이 말없이 조용히 신체적 및 재정적 고통을 받으며 노부모를 돌보는 경우 외부 사회의 돌봄을 받을 수 있어야 한다.

다행히 기초생활보장수급자(65세 이상)를 포함한 고령자로서 일상생활을 하기 어려운 분은 국민의 권리로서 사회보장제도하에 지방자치단체(시, 군, 구) 지원으로 전국에 산재하는 각종 사회복지조직(시설)과 공익단체가 제공하는 다음과 같은 사회적 돌봄을 받을 수 있다(보건복지부, 2022: 사회서비스공통업무안내; 보건복지부 한국보건복지정보개발원, 2014, '나에게 힘이 되는 복지서비스').

노후생활을 지원하는 각종 사회복지돌봄, 안전 확인, 기초생활 지원, 사회참여 및 문화 활동 지원, 소정 등급에 따른 재가(在家) 또는 시설(施設)에서의 장기요양, 치매 관리, 건강 의료, 장애인 지원, 일자리 마련, 요금감면, 주택임대 · 마련, 방문 관리 등이다.

나라의 노인복지 관련 법과 제도를 기틀로 대사회의 각종 사회복지 시설과 비영리 공익단체가 공식적 규정과 준칙에 따라 타율적으로 제공하는 돌봄이다.

퇴계가 역설한 공(公)을 발현하는 사회적 돌봄이다.

그런데 유감스럽게도 이런 사회적 돌봄을 제공하는 일부 조직(시설)과 단체에서는 흔히 돌봄을 실행하는 데 인간적 정이 희박하거나 결핍된 경우가 엿보이며, 돌봄과정에서 노고객에게 비인간화된 돌봄을 제공하는 경우가 발생하는 수가 있다. 즉, 돌봄을 실천하는데 퇴계가 교시한 존중, 애정 등의 가치를 바람직하게 발현하지 못하는 경우이다. 게다가 제공자가 전문성을 갖추지 못한 경우와 물질적 금전으로 제공자의 작업 동기화를 하며 돌봄사업의 경제적 효율성을 과도하게 중시함이 이런 불상사를 발생토록 하는 요인이 되는 것으로 보인다.

하지만 개인과 집단이 자원해서 행하는 사회적 돌봄(자원봉사, 사회공헌 활동 등)의 경우는 이러한 제한점이 별로 드러나지 않는 것으로 보인다.

위와 같은 제한점이 있지만, 사회적 돌봄은 아래와 같은 돌봄을 제공하는 데 능숙하며 강하다.

- 기술 중심적 돌봄
- 다수를 위한 균일화된 돌봄
- 법과 규정에 따른 타율적 돌봄
- 효율적 돌봄

이러한 사회적 돌봄은 사회보장제도를 보완하는 기능을 한다. 예로 퇴계가 돌보아 준 (앞서 논한) 고령자-환과독고(鰥寡獨孤, 늙어서 아내 없는 자, 남편 없는 자, 자식 없는 자, 혼자 사는 자)-를 위한 사회적 돌봄이 실행되는 것이다.

현재로서는 이러한 사회적 돌봄을 생활기능이 낮거나 없는 저소득 고령자에게 우선으로 제공하고 있다. 수혜자격 결격, 빈곤선 미달, 자비 부담능력 부족, 정보 부족, 가족의 체면유지 및 자존심 등의 이유로 혜택을 받지 못하거나 받지 않는 고령자가 상당수 있다.

그래서 앞서 지적한 바와 같이 젊은 세대는 나라의 고령자복지기능을 더욱 확장 증대해서, 보다 더 널리 사회적 돌봄을 제공해야 한다고 요구하고 있다.

제6장에서 사회적 돌봄에 관한 심층적 논의를 한다.

4. 개선, 보완을 위한 접근

위와 같은 대조적 속성을 지닌 두 가지 돌봄을 다음 사항을 식별, 검토하여 개선, 보완하는 과업을 수행할 수 있다고 본다.

- 시민이 하는 돌봄 대 사회가 하는 돌봄
- 인간중시적 돌봄 대 기술 중심적 돌봄
- 소수를 위한 개별적 돌봄 대 다수를 위한 균일화된 돌봄
- 우발적 문제에 대한 돌봄 대 일상적 문제에 대한 돌봄
- 고령자의 욕구와 필요에 맞게 하는 돌봄 대 돌봄제공자의 욕구와 필요에 따라 하는 돌봄
- 마음에서 우러나오는 정과 측은지심으로 하는 자율적 돌봄 대 정이 없이 정해진 법과 규정에 따라 타율적으로 하는 돌봄
- 가족에서 이루어지는 돌봄 대 사회시설에서 하는 돌봄

이러한 사항을 구별해서 돌봄을 개선함은 물론, 노부모 · 고령자의 욕구와 필요에 따라 두 가지 돌봄을 선별적으로 활용할 수 있다

고 본다.

아울러 우리가 인식해야 할 점은 이 두 가지 돌봄은 대조적인 속성을 지니지만, 다 같이 노부모·고령자의 삶의 질과 복지를 향상할 공통 의무를 수행한다는 사실이다.

따라서 두 가지를 종합하면 가족적 돌봄을 보완, 강화할 수 있고, 아울러 사회적 돌봄도 보완, 강화될 수 있다. 그래서 이중적 돌봄 체계를 잡아야 할 것으로 본다. 그럼으로써 가족 자체의 노력과 사회의 노력을 종합하여 포괄적 노부모·고령자 돌봄을 발전적으로 실행해 나갈 수 있다. 시민과 사회가 협동, 공생(共生)하며 서로 돌보는 복지체계를 이룩해 나가는 것이다.

새 시대에 이처럼 두 가지 돌봄을 연계할 필요성이 매우 커지고 있다.

앞서 제시한 바와 같이 동아시아 나라들에서 위와 같은 두 가지 돌봄이 연계되어 실행되기 시작했다.

이렇게 연계하는 방안에 관한 경험적인 조사·연구가 국내 및 국제적으로 이루어져 나가야 하겠다.

◇ 제5장 ◇

가족적 돌봄의
실행

1. 시대적 적응

우리는 아직도 확대가족 의식 속에서 살고 있다(최재석, 1983; 송복, 1999; 모선희, 2000; 신용하, 2004; 박종서 외, 2020). 부모의 핵가족, 아들의 핵가족, 딸의 핵가족, 손자녀 핵가족의 연합으로 이루어진 확대가족 구조가 형성되어 서로 의존하며 돌보는 가족주의적 기능을 하고 있다(이광규, 1981; 김영범, 박준석, 2004; 최상진, 2012; 이여봉, 2017; 조흥식 외, 2021).

하지만 시대적 변동으로 이 기능의 상당 부분을 가족 바깥 대사회가 대행하기 시작했다.

이러한 시기에, 앞서 지적한 바와 같이, 가족적 돌봄을 보완해서 활성화해야 한다는 공론(公論)이 드러나고 있다(신용하, 2004; 양옥경, 2017; 김영란 외, 2016; 성규탁, 2021).

그렇지만, 다수 가족은 노부모·고령자를 전통적 관습에 따라 돌보고 있다. 과거보다 약화되었다고 하나 가족이 노부모 돌봄에 대한 의무를 포기 또는 저버렸다는 증거는 없는 것으로 안다.

사실 다수 가족은 노부모의 기초적 욕구의 대부분을 혈통을 같이 하는 친족 관계의 일차적 사회관계망을 통해서 충족하고 있다(정경희, 강은나, 2016; 양옥경, 2017; 권중돈, 2019). 이 사실은 가족주의가 작용하고 있으며 서로 돌보는 친족 관계가 이어지고 있음을 시사한다(한상진, 2006; 조흥식 외, 2021; 김영란 외 2016: 박종서 외, 2020). 혈연(血緣)을 기틀로 하는 복수의 핵가족으로 이루어진 가족망을 통한 서로 돌봄 활동이 호혜적으로 전개되고 있다.

이러한 실황을 반영하듯 한국 고령자는 다음 자료가 시사하는 바와 같이 가족에 집착하고 있다. 즉, 노후생활형태 조사에 의하면, 가족과 내 집에서 살겠다는 응답이 57%, 혼자 집에서 살겠다는 응답이 19%, 요양시설에서 살겠다는 응답은 14%로 나타났다. 무려 76%가 내 집에서 여생을 보내겠다는 선택을 한 것이다(한겨레신문, 2022. 8. 20). 고령자의 91%는 어려운 문제에 부딪히면, 제일 먼저 가족을 찾는다(성규탁, 2019).

하지만, 현대사회에서 가족의 힘만으로는 포괄적인 노부모 돌봄을 제공하기 어려운 실정이다. 그래서 사회적 돌봄을 확장, 증진해 나갈 필요가 있다.

사회보장제도가 개발과정에 있어 사회적 돌봄을 보편적으로 실행하기에는 아직은 힘든 형편이다. 더욱이 가족과 같이 존중, 애정 등 가치로써 인간화된 돌봄을 실행하는 데는 역부족이다.

어느 경우나 사회적 돌봄은 가족적 돌봄 기능을 빼앗거나 훼손하지 않고 이를 보완, 강화하는 방향으로 실행되어야 한다.

2. 문화적 속성

노부모 돌봄은 가족관계에서 우러난다.

가족을 이루는 성원들은 출생 및 혼인으로 자동으로 가족원이 되어 영구적 관계를 이룬다(한국보건사회연구원, 2012). 이들은 경제적 대가를 바라지 않고 자율적으로 애정, 존중 등 가치를 발현하며 부모를 돌본다.

한국인은 가족을 중시하는 문화적 성향이 있다. 가족을 중시하는 가치는 가족에 대한 강한 애착과 관심으로써 가족원들 간의 서로에 대한 의존과 돌봄을 당연시하고 가족의 번영, 명예, 영속을 소중히 여기는 믿음이다(최상진, 2012; 김영란 외, 2016; 조흥식 외, 2021). 오늘날 가족법의 개정, 핵가족화의 심화, 저출산, 고령화, 생활 스타일의 변화는 가족생활에 큰 영향을 미치고 있다. 하지만 위와 같은 가치적 측면에서는 아직도 전통적 가족 중심적 성향을 유지하는 경향이 짙다(신용하, 2004; 도성달, 2012; 최연실 외, 2015: 38-39; 김영범, 박준석, 2004).

위의 최근 조사자료가 시사하듯 무려 3분지 2 이상의 고령자가 가족과 내 집에서 노후를 보내고자 선택하고 있다.

최상진 교수의 말대로 한국가족은 부모에 대한 깊은 인간적 정을 간직하고 있다. 이들의 다수는 부모를 옳게 돌보지 못해서 미안함과 한스러움과 같은 측은지심을 부지불식간에 무의식적으로 간직하고 있다(최상진, 2012: 250). 한국인의 문화적 속성이라고 본다.

다음은 측은지심에 관한 퇴계의 말이다.

사람이 추구하는 가장 고귀한 가치 인(仁)은 사람을 존중하고 사랑하는 마음이며 이 마음에는 측은지심이 한결같이 통한다. (성학십도, 인설; 퇴계집, 차자 인설).

이러한 마음으로 가족이 일상생활에서 제공하는 정서적 및 수단적 돌봄은 부모의 삶을 유지하는 데 값있고도 긴요하다. 스스로 마음에서 우러나오는 정에 찬 이런 돌봄은 특수하여 가족이 아닌 다른 사람은 행하기가 어려운 것이다.

부모와 자녀 간 깊은 정은 초기에는 부모로부터 시발되나 자녀가 성장하고 사회화되는 과정에서 자녀의 부모에 대한 깊은 정으로 전환된다. 이 과정에서 자녀는 부모에 대한 단순한 정의 차원을 넘어 고마움과 송구스러움을 느끼는 동시에 보은 의식을 가지게 되고, 부모는 자녀에 대해 측은지심과 더불어 깊은 혈육의식을 갖는다(최상진, 2012: 253; 양옥경, 2017).

위와 같은 부모자녀 관계를 중심으로 이루어지는 가족적 돌봄은 가족원이 자율적으로 제공하는 인간화된 돌봄이다. 법적인 규정에 따라 타율적으로 행해지는 사회적 돌봄과 대조된다. 이러한 돌봄은 태어나서부터 오랜 세월 동안 이어진 부모와의 친함과 정으로 이루어진 유대관계와 이분들로부터 받은 도움·은혜 때문으로 본다.

3. 전통과 변화

가족적 돌봄은 여러 세대에 걸쳐 실행되어 왔으며 우리의 문화적 관행으로서 행해지고 있다. 이 전통적 관행에 준하여 부모를 포함한 고령자를 대하는 태도와 행위가 이루어지고 이의 도덕성이 곁 따라 판정되는 것이다(지교현, 1988; 류승국, 1995; 신용하, 2004).

문화가 다름에 따라 고령자에 대한 태도와 행동에 차이가 드러난다(Palmore, 1989; Hofstede, 2003). 이러한 차이는 고령자 돌봄에 커다란 영향을 미친다. 동아시아문화권 나라에서는 고령자에 대한 시각이 일반적으로 긍정적이며 고령자를 존중하며 돌보는 관행이 드러나 보인다(Streib, 1987; Chow, 1995; 조지현, 오세균, 양철호, 2012).

이와 대조적으로 서양문화에서는 고령자의 다수는 공동사회에서 다소간 격리, 소외되고 병원과 요양원에 속하는 사람으로 취급되는 경향이 엿보인다.[1]

동아시아문화권 전역에 걸쳐 산업화과정에서 부모·자녀 관계에 변화가 일어나고 있는 것이 사실이다. 다수 가족은 부모돌봄의 문화적 가치를 보존하려고 대안을 찾아가며 시대적 변화에 적응해 가고 있다.

한국, 중국, 일본, 대만, 싱가포르 등 동아시아 나라에서는 전통적 부모돌봄의 규범이 여전히 적용되고 있다(조시현, 오세복, 양철호, 2012; Yeh et al., 2013). 그리하여 산업화가 오래된 일본에서는 고령자를 존

---

1 예외로 서양 문화권에 속하는 그리스(Greece) 사람들은 고령자에 대한 차별적 태도와 행동을 하지 않는다. 고령자는 가족중심으로 존경과 축복을 받고 있다.

경하는 전통이 지속되며, 사회주의 체제하의 중국은 효행을 법으로 규정하고, 고도로 산업화한 한국, 대만, 싱가포르에서는 경로효친을 법제화하였다.

한국, 중국, 일본 및 대만 4개국 사람들의 부모돌봄에 관한 비교 국가적 조사에서 나온 경험적 자료에 의하면, 고도로 산업화한 이 4개 나라에서 고령자를 돌보는 문화적 관습이 광범위하게 지속하고 있다. 이 중에서도 한국이 가장 전통적 고령자 돌봄 의식을 간직하고 있으며, 다음으로 대만, 중국 및 일본이 따랐다. 4개 나라 모두에서 공통으로 고령자 돌봄을 실행하고 있음이 드러난 것이다(조지현, 오세근, 양철호, 2012).

이러한 실상의 보기로서 중국의 경우를 들 수 있다. 중국에서는 부모돌봄을 자랑스럽고 고귀한 문화적 가치로 삼고 있다. 일부 대도시에서는 이런 가치가 약화하는 증조가 엿보이지만, 중국의 다수 성인 자녀는 여전히 노부모를 존경하며 돌보아 나간다(왕웬양, 2011; Streib, 1987). 중국인의 고령자를 존경하는 관행을 보고 미국 노년학 석학 G. Streib(1987)는 중국인은 고령자를 만나면 자동으로 (automatically) 존중한다고 했다.

중국의 형법(1980 제정)은 부모를 저버리는 성인자녀는 5년 이하의 형을 받도록 규정하였다. 이 나라의 노인권익보장법은 고령자 돌봄에서 가족이 중심적 역할을 하도록 규정하여, 앞서 거론한 바와 같이, 거택안락(居宅安樂) 정책을 세워 사회적 지원을 하며 가족중심의 고령자 돌봄을 촉진하고 있다(Du, 2013; 고춘란, 2014). 이런 판국에 다수 중국인은 노부모를 요양원에 보내는 것을 불명예스러운 처사로 낙인찍는 경향이다(왕웬양, 2011).

일본에서도, 전술한 바와 같이, 고령자(독거노인 포함)가 내 집에서 안락하게 여생을 보내도록 보건의료 및 생활보호를 하며 재가복지 (在家福祉)를 추진하고 있다(Maeda, 2004).

위와 같이 한국을 비롯한 동아시아 나라에서 일어나는 실상은 문화적 저항(文化的 抵抗) 현상이라고 볼 수 있다(Cogwill & Holmes, 1972). 즉, 산업화에 따른 사회구조의 변화 속도보다 고령자를 돌보는 기능이 느리게 변하는 현상이다. 이 기능이 이렇게 느리게 변하는 것을 보아 한국을 비롯한 동아시아 나라 사람들의 다수는 앞으로 상당 기간 전통적 부모돌봄의 문화적 가치를 지속, 발현해 나갈 것으로 예측한다.

4. 돌봄: 부모자녀 관계에서 시발

1) 부모자녀 간 친한 관계(부자유친 父子有親): 돌봄의 시발

부모돌봄은 부모 · 자녀 간 친한 관계에서 싹튼다.

사람이 마땅히 지켜야 하는 도리로서 5가지의 윤리적 원칙(오륜 伍倫)을 들고 있다. 이 원칙에서 으뜸가는 것이 퇴계가 중시한 부자유친(父子有親, 부모와 자녀가 지켜야 하는 친한 관계)이다(이황, 퇴계집, 경연강의). 어느 시대, 어느 사회에서나 변할 수 없는 부모자녀 간의 특수한 관계이다.

이런 관계를 기틀로 부모돌봄이 실행되는 것이다.

가족의 중심은 부모 · 자녀 간의 자연적으로 이루어지는 이러한 친(親)한 관계, 즉, 부자유친(父子有親)이다. 하늘이 주신 관계로서 아무도 끊을 수 없고 세상이 바뀌어도 변하지 않는 관계이다. 이런 관계를 바탕으로 한국 문화적 맥락에서 가족적 돌봄이 실행되어 온 것이다.

부모 은혜

우리 문화에서는 위와 같은 부모자녀 간 특수한 관계에서 이루어지는 부모돌봄은 모든 착한 행동의 으뜸이고, 올바른 생활의 기본이라고 믿어 왔다(박종홍, 1960: 류승국, 1995: 송복, 1999). 부모는 아래와 같은 고귀한 은혜를 자녀에게 베풀기 때문일 것이다.

- 낳아 주신 은혜(생산의 은혜)
- 길러 주신 은혜(양육의 은혜)

부모는 몸을 남겨 주었을 뿐만 아니라 자녀가 자라나는 오랜 기간에 걸쳐 음식, 의복, 주거, 양호, 교육 등 온갖 유형의 돌봄을 제공하여 길러 주신다.

2) 부모 · 자녀 간 서로돌봄(부자자효 父慈子孝)

이러한 특수한 관계의 부모와 자녀 간에는 돌봄이, 퇴계가 지적한 바와 같이, 호혜적(互惠的)으로 이루어진다. 퇴계는 자녀가 부모를 돌보아 드리는 것과 부모가 자녀를 돌보는 것이 서로 연계되어 호혜적으로 이루어짐을 다음과 같이 말했다.

> 부모가 자녀를 사랑하며 돌보는 것을 자(慈)라고 이르고, 자녀가 부모를 존중하며 돌보는 것은 효(孝)라고 한다. (퇴계집, 무진육조소).

이어 퇴계는 자와 효에 대해서 다음과 같이 역설하였다.

> 자와 효의 도리는 인간이 본디 가지는 천성(天性, 하늘이 주신 성품)에서 나온 것으로서 모든 착함의 으뜸이니, 그 은혜가 지극히 깊고, 지켜야 할 윤리로서 지극히 무거우며, 그 정(情)은 가장 절실하다. (퇴계집, 무진육조소).

위의 말은 부모는 자녀를 깊은 애정으로 돌보고 자녀는 부모를 겸손히 존중하며 돌보는 이 세상에서 가장 값있는 인간중시적 관계가 이룩됨을 밝힌 것이다.

전술한 바와 같이 퇴계가 가장 중시한 가치는 인(仁)이다. 인을 행동으로 옮기는 기본적 방법이 바로 부모를 인간중시적으로 돌보는 것이다.

오늘날 새 기술이 나와 산업방식이 달라지고 생활양식이 바뀌고 있다. 이러한 큰 변화 속에서도 변치 않는, 아니 변할 수 없는 사실이 있다. 그것은 곧 위와 같은 인의 가치를 발현하며 부모를 돌보고, 같은 가치로서 자녀를 돌보는 것이다. 즉, 서로 돌보는 호혜적 세대 관계이다.

3) 부모 · 자녀 간 돌봄의 특성

(1) 의존하며 돌보는 관계

동아시아 유교문화권 나라에서는 부모와 자녀가 서로 의존하며 돌보는 관계를 인간사회의 자연적인 현상이라고 본다(김낙진, 2004; Roland, 1989). 이 점에 관해서 신유학(新儒學)의 석학 두웨이밍(杜維明)은 다음과 같이 말했다(Tu, 1995).

> 이 세상의 모든 것은 서로 의존하면서 서로에게 영향을 미치고 있다. 다른 것의 삶에 이바지함으로써 자체의 존재 이유를 갖게 되는 것이다.

이 말은 사람은 홀로 살아가는 것이 아니라 다른 사람과 어울려 서로 돌보는 사회관계를 이루면서 살아간다는 것이다.

어려서부터 밀접한 인간관계가 진행되는 가족 중심적 '우리'의 사회망 속에서 성장한 한국인 자녀는 서로 의존하는 생활방식과 행동 양식에 길들어 있나. 한국인은 서양 사람같이 개인수의적 자기지향보다는 가족을 포함한 집단에 속하면서 '우리' 의식을 가지고 다른 사람과 서로 의존하는 관계를 이루면서 나를 실현하는 성향이 짙다(신용하, 2004; 김낙진, 2004; 김영범, 박준석, 2004).

앞서 논한 세대 간 서로 돌보는 관계는 위와 같은 부모자녀 간 상호의존하는 관계에서 드러나며 이러한 관계는 생애주기에 따라 진행되는 호혜적 돌봄에서 분명해진다.

어린이는 그의 성장 과정을 통하여 부모로부터 사랑, 존중, 측은지심, 서로 정서적 및 수단적 돌봄을 받으면서 전적으로 부모에게 의존하면서 자란다. 이들은 소년·청년기에 들어서도 자기존중, 자기 신뢰, 애정 관계를 높이려고 부모를 비롯한 가족원에게 의존한다. 이어 노령기에 접어들어 사회적 및 신체적으로 어려워진 노부모는 성장한 자녀에게 의존하며 돌보아진다.

위와 같이 부모·자녀 간에 생애주기에 따라 서로 의존하면서 돌보는 호혜적 관계가 이루어진다.

특정한 문화적 맥락에서는 부모·자녀 간의 의존도가 더 높다. 한국을 포함한 동아시아 나라의 경우가 그러하다(도성달, 2012; Roland, 1989). 의존을 비정상적 사회관계로 보는 서양문화에서의 인간관계와 대조된다.

퇴계는 향촌 사람들이 서로 의존하면서 돌보는 사회체계로서 전술한 향약(鄕約)을 입조해서 운용하였다. 즉, 향촌 주민이 하나의 '우리'를 이루어 자율적으로 서로 의존하면서 돌보는 공동 복지체계를 이룩한 것이다. 오늘의 우리가 희구하는 지역복지 증진 방법이 이미 오래전에 퇴계에 의해서 실행된 것이다(나병균, 1985; 정순목, 1990).

퇴계가 그의 저서 성학십도(聖學十圖)에서 제시한 일련의 가르침은 위와 같이 서로 돌보는 상호의존 관계의 윤리 도덕성을 소상히 해명하는 내용이다(김낙진, 2004).

다수 부모는 노령기에 흔히 본의 아니게 자녀에게 의존하게 된다. 자녀의 의존을 받아주던 관계에서 그들에게 의존하는 처지로 전환하는 것이다. 고령기에 들어 의존성이 증가할수록 자녀와 동거하는 비율은 높아지는 경향이다. 2000년 초에 동거 비율이 65세~69세가 23%, 70세~79세가 33%, 80세 이상이 42%이던 것이 2019년에 이르러서도 비슷한 비율을 보였다(권중돈, 2019: 223).

이 자료가 시사하듯 비교적 다수 성인 자녀가 의존적 형편에 처해 있는 노부모의 사정을 수렴하여 자녀의 의무로서 이분들과 동거하거나 내 집 가까이 모셔 돌보는 사례가 많다(김용범, 박준석, 2004).

노부모 · 고령자의 다수는 노령기에 들어 자원해서 또는 본의 아니게 자녀로부터 정서적 및 수단적 돌봄을 받게 된다. 저자의 사회지원망 조사에 의하면, 노부모의 91%가 어려울 때 제일 먼저 찾는 곳이 가족이다(성규탁, 2016). 그리고 자녀와 떨어져 사는 노부모의 다수가 병약해지면 자녀와 가까운 곳으로 이전하거나 자녀와 동거하게 된다.

의존을 병으로 보는 미국 사회에서도 다수 고령자는 성인자녀와 가까운 데로 옮겨와 살거나 함께 살면서 여생을 보낸다. 돌보기가 가장 어려운 치매증을 앓는 노부모를 자기네 집에 모셔와서 돌보는 미국인 딸과 아들이 많다(Connidis, 2009; Queresi & Walker, 1989).

앞서 지적한 바와 같이 한국 고령자의 3분지 2가 내가 사는 집에서 노후생활을 영위하겠다고 선택했다.

이러한 선택과 위에 거론한 동서양의 실상을 보아 가족을 이루는 부모·자녀 간 상호의존적인 호혜적 관계는 자연적인 또는 부득이한 현상이라고 하지 않을 수 없다. 다만 의존하는 정도의 높고 낮음, 그 기간의 길고 짧음, 그리고 정서적 돌봄과 수단적 돌봄의 어느 것을 더 많이 또는 더 적게 필요로 하는가의 차이가 있을 따름이다.

개개 가족의 생활 형편과 돌봄 능력이 다르기는 하지만, 한국가족의 공통점은 노부모를 포함한 가족원들 사이에 떨어져 별거하면서도, 다음 절에서 논하는 바와 같이, 서로 의존하면서 돌보는 호혜적 관계가 지속되고 있으며, 서로의 안녕에 대한 의무를 나누어 가지는 성향이 짙은 점이다(최재석, 2009; 신용하, 2004; 김낙진, 2004; 도성달, 2012).

(2) 존중하며 돌보는 관계

한국인에게 특유한 정(情)은 전술한 바와 같이, 친밀감을 느끼게 하고, 따스하고, 계산하지 아니하고, 보답을 요구하지 아니하는 호의적 심리로서 상대방이 직면하는 문제에 대해 염려하면서 겸손하게 존중과 애정으로 돌보는 성향을 담고 있다.

대 유학자 율곡(栗谷 李珥)도 퇴계의 가르침과 같은 다음 교훈을 남겼다.

남의 아버지가 된 자는 그의 자녀를 사랑할 것이요, 자녀로서는 당연히 부모 은혜를 잊지 않고 존중하며 돌보아야 한다. (이이, 율곡전서, 권 27, 擊蒙要訣).

이처럼 선현들은 부모와 자녀가 애정과 존중으로 호혜적 돌봄을 행할 의무를 역설한 것이다.

이런 부모 · 자녀 관계에 대해 사회학자 최상진(2012)은 다음과 같이 해설하고 있다. 부모와 자녀가 혈통(핏줄)을 같이함으로써 자연적으로 발생하는 인정(人情, 사람의 정)은 처음에는 부모로부터 시작되나, 자녀는 성장하면서 사회화되는 과정에서 부모를 존중하는 심정을 간직하게 되고, 이어 부모 · 자녀 간에 정을 주고받는 교환이 이루어진다. 이 과정에서 자녀는 노부모에 대한 단순한 정과 친밀감의 차원을 넘어 고마움, 송구스러움 등을 느끼는 동시에 부모 은혜를 갚고자 하는 마음을 간직하게 되며, 한편 부모는 자녀에 대해 측은지정과 더불어 친밀감으로 충만한 혈육의식을 가지게 된다.

부모 · 자녀 관계는 이러한 자연적이며 끊을 수 없는 감정적 유대로 이루어진다. 이런 관계에서도 부모와 자녀는 서로가 마땅히 지켜야 할 규범을 따른다. 이 규범의 대표적인 것이 전술한바 퇴계가 역설한 서(恕)이다. 즉 "내가 원하는 것을 남에게 한다", "내가 서고자 하는 데 남을 세운다"라는 남을 겸손하게 존중하는 정신이며 인(仁)을 발현하는 방법이다. 부모와 자녀 간에 이러한 관계가 적용됨은 말할 것도 없다. 자녀는 부모에게 그리고 부모는 자녀에게 서로 도움이 되는 것, 서로 바라는 것, 서로 바람직하다고 보는 것을 자진해서 너그럽게 주고받는 것이다. 즉, 돌봄을 주고받는 호혜적 관계가 이루어지는 것이다. 이 관계의 저변에는 퇴계와 율곡이 가르친 서로가 사랑하고 존중하며 돌보아야 할 의무가 깔려있다.

5. 가족중심 부모돌봄: 가족적 돌봄

1) 자녀의 부모돌봄: 실제

자녀의 부모돌봄은 퇴계가 교시한 부자자효(父慈子孝)에서 자효(子孝, 자녀가 부모를 존중하며 돌봄)에 해당한다.

오랜 기간 부모로부터 돌봄을 받아온 자녀는 노년기에 든 부모를 사회적 기대에 맞게 돌볼 수 있게 된다. 즉 가족적 돌봄을 행하게 되는 것이다.

이 책에서는 자녀를 성인, 청년 및 소년으로 구별하여 각 세대가 가족적 돌봄을 실행하는 실상을 다음 3가지 사례를 들어 살펴보고자 한다.

- [보기 1] 성인의 부모돌봄
- [보기 2] 청년의 부모존중
- [보기 3] 소년의 부모에 대한 감사 (애정 및 존중의 실마리)

[보기 1] 성인(成人)의 부모돌봄

성숙해진 성인자녀가 가족적 돌봄을 실행한 사례이다.

퇴계가 밝힌 인간사회의 으뜸가는 가치 인(仁)의 표현인 부모돌봄을 모범적으로 실행한 성인 987명을 대상으로 돌봄 방법을 저자가 무기명 설문으로 조사한 결과 5가지의 대표적 돌봄 유형이 드러났다(성규탁, 2005, 2017). 이들이 각 유형에 준 중요성에 따라 순위를 매겨 보았다.

아래와 같이 부모에 대한 '존중'이 가장 중요하다고 지적되었다. 이어 부모에 대한 '보은', '애정', '책임수행' 및 '부모 중심의 가족화합'이 따랐다. 아래 각 유형에 따른 괄호 안 숫자는 중요성(5단위 측도: 1 = 전혀 중요치 않음……5 = 매우 중요함)을 지적한 빈도의 평균치이다.

① 부모를 존중함 (4.42)

② 부모 은혜에 보답함 (4.36)

③ 부모를 사랑함 (4.27)

④ 부모에 대한 책임을 수행함 (4.14)

⑤ 부모 중심으로 가족화합을 이룸 (3.84)

위와 같은 돌봄 방법은 존중, 애정 등 가치를 발현하며 정서적 및 물질적 에너지를 부모에게 바친 덕행을 나타낸다고 본다.

자녀가 부모에게 진 가장 큰 빚은 바로 이 세상에서 가장 귀중한 몸(신체)을 받고 양육을 받은 것이다.

부모는 자녀가 태어난 순간부터 돌보기 시작하여 이들이 스스로를 돌볼 수 있을 때까지 깊고 절실한 애정, 존중, 측은지심 및 서로써 돌보아 나간다. 자녀가 자신들을 돌볼 능력을 갖춘 뒤에도 고령이 된 부모는 계속 돌보아 주다가 세상을 떠난다.

부모가 이처럼 베푼 돌봄에 감사하며 이분들에게 보답하려고 노력하는 것을 다음과 같은 내용의 가족적 돌봄이라고 볼 수 있다.

부모에게 행한 돌봄의 내용

부모에게 제공한 돌봄의 방식을 설문으로 조사한 결과 다양한 방식이 드러났다(성규탁, 2005, 2017). 이 여러 방식을 다음과 같이 정서적 돌봄과 수단적 돌봄으로 분류할 수 있다.[2]

정서적 돌봄

- 존중함(39%)
- 마음을 편히 해 드림(38%)
- 부모의 의견을 받듦(23%)
- 걱정을 덜어 드림(34%)
- 부모의 소원을 성취함(4%)
- 말 상대가 되어 드림(10%) 등

수단적 돌봄

- 병간호를 해 드림(66%)
- 통변을 도와 드림(50%)
- 식사 시중을 해 드림(46%)
- 약을 공급해 드림(45%)
- 안마를 해 드림(4%)
- 위독한 부모에게 헌혈을 함(3%)
- 세탁을 해 드림(23%)

---

2 괄호 안 숫자는 '실행했다'라고 응답한 총응답자 수에 대비한 백분율이다.

- 목욕을 시켜 드림(22%)

- 방을 정리해 드림(13%)

- 책, 신문을 읽어 드림(1%)

- 잡비를 드림(4%)

- 외출 시 동반해 드림(6%)

- 업어서 이동시켜 드림(4%)

- 노인학교에 보내 드림(4%) 등

위와 같이 부모님에게 정서적 돌봄과 수단적(물질적) 돌봄을 해 드렸다.

돌봄의 흐름은 양 방향적(兩方向的)이었다. 생(生)이 진행되는 과정에서 필요에 따라 도움이 자녀로부터 부모에게로 갔고, 부모로부터 자녀에게로도 갔다.

노부모도 자녀를 돌보았다. 즉, 자(慈, 자녀를 인자하게 돌봄)가 이루어졌다. 노부모가 자녀에게 베푼 도움은 애정과 관심을 두기, 충고와 상담, 격려와 위로, 사기를 돋우어 줌, 아이 돌보기, 집안일 돕기, 정보제공, 발전을 위한 외부자원과의 연계, 재정적 지원 등이다. 노부모는 이런 도움을 주기 오래전부터 자녀 양육을 위해 온갖 유형의 돌봄을 해온 것이다.

여성, 저소득자 및 대가족에 속하는 자녀는 많은 어려움을 겪으면서 가족적 돌봄을 실행해 나갔다. 설문조사에서 "돌봄을 제공하는 과정에서 가장 어려웠던 일이 무엇입니까?"라는 질문에 이들의 다수는 근심, 부담감, 좌절, 피곤, 구속감, 노부모의 무능 상태를 다루는 어려움, 노부모를 돌보기 위해 다른 식구들에 대한 의무를 소홀히 한 점 등의 문제를 견뎌내는 일이라 답했다. 특히 정신적 및 신체적 장애가 있는 노부모를 돌본 자녀들은 더욱 많은 어려움을 극복해야 했다. 예를 들어 심한 체력소모, 긴 시간 투입, 끊임없는 부양으로 인한 정서적 소진, 자신의 부양역할을 제대로 못 한 데 대한 죄책감 등을 극복해야 했다. 며느리의 경우 혈연관계가 없이 결혼으로 인해 갖는 의무로서 힘든 시부모 돌봄을 하는 데서 겪는 긴장과 스트레스는 가히 짐작할 수 있다.

이러한 어려움을 해소하는 데 필요했던 가족 바깥의 사회적 돌봄을 받는 데 관하여 제8장 '두 가지 돌봄의 개선과 보완'에서 논의한다.

[보기 2] 청년의 부모존중

존중은 부모돌봄의 중심이며 돌봄을 내포하고 있다. 청년이 부모를 존중하는 데 대해서 저자가 수집한 경험적 자료를 바탕으로 해설하고자 한다(성규탁, 2015, 2019).

서울 시내 3개 대학에서 무작위로 선발된 458명의 대학생과 대학원생-청년-이 부모를 존중하는 방식을 공동조사자 3명과 대학원생 5명이 설문을 통해 조사한 자료를 분석, 해석한 결과 아래와 같은 10가지 존중방식이 식별되었다.

이 방식 중 '돌봄으로 하는 존중'이 가장 빈번히 지적되었다(응답자들의 62%가 지적). 2번째로 자주 지적된 방식은 '순종으로 하는 존중'(51%); 3번째는 '의논을 해서 하는 존중'(41%); 4번째 '먼저 대접해서 하는 존중'(36%), 5번째 '인사를 해서 하는 존중'(33%), 6번째 '존댓말로 하는 존중'(31%), 7번째 '음식을 대접해서 하는 존중'(23%), 8번째 '선물을 해서 하는 존중'(21%), 9번째 '외모를 단정히 해서 하는 존중'(20%), 10번째 '조상에 대한 존중'(19%)이다.

위의 다양한 존중방식은 부모를 포함한 고령자를 겸손하게 존중하는 우리의 문화적 가치를 발현한다고 볼 수 있다.

시대적 변천에 따라 이 방식은 수정되고 있음이 시사되었다. 위 자료에서 인사와 존댓말은 지적빈도가 비교적 낮다. 다수 젊은 사람들의 성향이 권위주의적인 형태로부터 평등주의적 방향으로 변하고 있음을 시사한다고 본다.

위와 같이 부모를 존중하면서 가족적인 돌봄을 실행한 청년(학생들)이 필요로 하는 사회적인 도움을 제공하는 데 관하여 제8장 '두 가지 돌봄의 개선과 보안'에서 논의한다.

[보기 3] 소년의 부모에 대한 감사 (애정 및 존중의 실마리)

소년(초등학생)이 부모가 베푸는 돌봄에 보답하는 첫 번째 행동은 "아버님·어머님 고맙습니다"라는 표현이 되겠다(김경희, 2003: 44-75).

사람은 태어나서부터 고마움을 서설로 알게 뇌는 것은 아니다. 어른으로부터 배워서 알게 된다(Ryan, 1999).

걸음마를 하는 유아는 완전히 자기중심적이다. 그렇지만 15~18

개월이 지나면 점차 부모가 그를 도와주는 것을 알기 시작한다
(Lewis, 2005). 두세 살이 되면 부모에게 고맙다는 표현을 할 수 있게
되고, 4세가 되면 사랑, 친절, 돌봄 같은 정서적인 것에 대한 고마움
을 이해하게 된다(Ryan, 1999).

고맙다고 하는 아이는 한 사람 중심의 세상에서 벗어나 그의 부
모를 비롯한 주위 사람들이 그에게 제공하는 도움을 깨닫게 된다.

아이는 집안에서 자라면서 부모로부터 칭찬, 훈계 및 벌을 받아
가며 받은 은혜에 고맙다고 하도록 사회화된다(Hashimoto, 2004; 김경
희, 2003). 초등학교에 들어가면 철이 들기 시작하여 은혜를 베푼 사
람에게 감사하려는 마음을 품게 되고(김경희, 2003; Lewis, 2005; Rice,
1984), '고맙다'라는 뜻을 표현하도록 교육을 받게 된다(한국청소년개
발원, 2011; 이희경, 2010; 김인자 외 2008). 이 경우 감사는 강요를 당해
서 하는 것이 아니라 그의 마음속에서 우러나오는 자율적인 것이다
(Ryan, 1999; Hashimoto, 2004).

감사하는 아이는 은혜를 베푼 사람과 자신이 가진 것을 나누어
가지며, 그에게 도움을 주려는 친사회적(親社會的) 행동을 하게 된다
(김인자 외, 2008: 646; Emmons & McCullough, 2008).

우리 문화에서는 은혜를 갚는 것을 매우 중요시한다. 하지만 부
모 은혜를 갚기란 쉬운 일이 아니다. 명심보감에는 부모 은혜를 갚
는 의무를 수행하기가 그렇게도 어려움을 시사한 다음과 같은 구절
이 있다.

아버지 어머니 나를 낳으시고 애쓰시고 수고하셨도다. 그 은덕

을 갚고자 하는데 그 은혜가 하늘같이 다함이 없어 갚을 바를 알지 못하도다.

부모 은혜는 매우 크고 깊으며, 이를 갚기 위해서는 매우 많은 노력이 필요함을 시사한 가사이다. 이런 노력의 첫 단계 실행이 곧 감사하는 것이다.

교육적으로 볼 때, 다른 사람에게 고맙다고 하도록 가르치는 것은 매우 바람직한 효과를 가져온다. 즉, 감사하도록 지도를 받은 아동은 다른 사람의 감정-느낌에 예민하게 되고, 아울러 감정이입과 다른 사람을 존중하며 사랑하는 정서적 기법이 발전하게 된다. 그 뿐만 아니라 높은 만족감과 낮은 스트레스를 가지는 경향이 있다(Emmons & McCullough, 2008; Ryan, 1999). 친사회적 성향에 보태어 이러한 긍정적인 파급효과가 있는 것이다.

대체로 감사하는 마음을 심어 줌으로써 아동이 장래 이득을 보게 된다는 것이 전문가들의 견해이다(Rice, 1984; Lewis, 2005).

감사의 표현

부모는 자녀를 이 세상에 태어나게 하였고, 사랑으로 길러주고, 교육시켜 주고, 사회에 진출하도록 도와주고, 끝없이 걱정하며 돌보아 나간다. 이분들의 넓고, 깊고, 조건 없이 애정, 존중, 측은지심, 서로써 베풀어 주는 은혜는 참으로 귀하고 어질다.

다음 노래 가사는 바로 이러한 특수한 은혜를 읊고 있다.

낳으실 제 괴로움 다 잊으시고 기르실 제 밤낮으로 애쓰시는 마음, 진자리 마른자리 갈아 뉘시고, 손발이 다 닳도록 고생하시네. 하늘 아래 그 무엇이 높다 하리요 어머님의 희생은 가없어라.

이러한 고귀한 돌봄을 베푼 부모님에게 고맙다는 마음을 가슴속 깊이 품고 다음과 같은 '고맙습니다'의 표현을, 때와 장소에 따라 한다. 대부분은 조부모에게도 드릴 수 있다. 아동에 따라 이런 표현을 못 하거나 아니 하더라도 그러한 고마움을 가슴속에 품을 수 있다.

사회조사

아래는 무작위로 선정된 3개 초등학교의 3~4학년생 75명이 부모에게 감사하는 다양한 표현을 저자와 공동조사자들(초등학교 교원 3명, 학부모 5명)이 학생들에 대한 면접, 대화, 질문 및 관찰을 통해 식별하여 편집, 정리한 것이다(성규탁, 2013; 2020).

부모님 고맙습니다

- 저의 몸을 낳아 주서서
- 저를 사랑으로 길러 주서서
- 저에게 먹을 것과 마실 것을 주서서
- 저에게 입을 것을 주서서
- 제가 살 집과 이부자리를 마련해 주서서
- 제가 아플 때 돌보아 주서서

- 위험한 곳에 가지 않도록 일러 주셔서
- 위험한 장난을 하지 않도록 주의 주셔서
- 교통규칙을 지켜 안전하게 통학하도록 지시해 주셔서
- 학교에 갈 때 외모를 단정히 하도록 도와주셔서
- 제가 공부하도록 뒷바라지를 해 주셔서
- 선생님의 말씀을 따르도록 일러 주셔서
- 선생님에게 공손히 인사하고 바르게 말하도록 주의 주셔서
- 학교규칙을 잘 지키도록 타일러 주셔서
- 좋은 친구들과 어울리도록 충고해 주셔서
- 다른 학생을 따돌리지 말라고 주의 주셔서
- 다른 사람과 싸우지 말라고 주의 주셔서
- 사람들에게 예의 바르게 행동하도록 가르쳐 주셔서
- 생활환경을 정돈하고 깨끗이 하라고 주의 주셔서
- 어려움을 참고 헤쳐 나가라고 가르쳐 주셔서
- 돈을 아껴 쓰라고 타일러 주셔서
- 저를 위해 끊임없이 사랑으로 걱정해 주셔서

위와 같은 감사의 표현은 어린 세대가 할 수 있는 가족적 돌봄의 '실마리'라고 할 수 있다. 이런 표현에는 어린 사람들의 부모에 대한 애정과 존중감이 담겨 있음을 감지할 수 있다. 이렇게 감사하는 어린 세대를 위해 가족, 학교, 사회가 공동으로 실행해야 하는 과업에 대해서 제8장 '두 가지 돌봄의 개선과 보완'에서 논의한다.

2) 부모의 자녀돌봄: 실제

다음에는 부모가 자녀를 돌보는 가족적 돌봄에 대해서 살펴보고
자 한다.

부모의 자녀돌봄은 퇴계가 교시한 부자자효(父慈子孝)의 부자(父
慈, 부모가 어린 자녀를 사랑으로 돌봄)에 해당한다.

부모는 자녀를 출산하여 양육하는 인생 최대의 은혜를 자녀에게
베푼다. 즉, 아기를 출산해서 성인으로 성장시키는 오랜 기간에 걸
쳐 양육, 사회화, 도덕성 개발 및 교육지원을 해나간다.

유교 경전에는 어린이에 관한 구절이 드물다. 그러나 조심스럽
게 살펴보면, 어린 사람과 관련된 가르침이 은유적 또는 간접적으
로 수록되어 있음을 알 수 있다. 특히 도덕성(道德性) 개발과 관련된
것이다.

유교는 가족원의 도덕성 개발을 중요시한다. 어린이도 가족의 구
성원으로서 도덕성 개발의 대상이 됨은 물론이다. 도덕성은 부모·
자녀 간 상호관계에서 싹튼다. 부모의 자녀에 대한 독실한 애정, 존
중 등 가치는 자라나는 자녀가 부모를 사랑하고 존중하는 친사회적
(親社會的) 반응-도덕성-을 이루도록 이끄는 지렛대 역할을 한다(이
희경, 2010: 161; 김인자 외, 2008).

도덕성을 갖춘 자녀는 장래 부모를 비롯한 가족원은 물론 이웃과
공동체 성원들의 삶의 질(質)을 고양하는 긴요한 역할을 하게 된다
(김인자 외, 2008: 646).

어린 자녀는 가족의 중요한 구성원이다. 가족은 돌아가신 선조님,

생존하시는 부모님, 부모님 대를 이을 자녀, 앞으로 태어날 후손으로 이어지는 연속된 체계를 이루고 있다. 이 가족의 연속선 위에서 어린 자녀는 연결고리 역할을 하는 불가결한 존재이다.

부모는 자녀를 조건을 붙이지 않고 사랑하며 돌본다. 자녀는 그들의 가장 귀중한 산물이기 때문이다. 자녀는 몸이 다를 뿐 그들(부모) 자신과 같다고 믿는다. 예술가가 작품을 완성하고서는 그 작품을 자기를 재현한 것이라고 애착하며 소중히 여기는 것과 흡사하다. 아니 부모·자녀 관계는 이보다도 훨씬 더 오묘하고 애절하며 절실하다.

서양 철학자도 부모 사랑의 특수성을 지적하였다. Aristoteles는 부모의 자녀에 대한 사랑은 바로 자신들에 대한 사랑이라고 했고, Hegel도 자녀에 대한 사랑은 부부간의 사랑과 같다고 했다.

이 선현들의 말은 부모와 자녀 사이에 애정, 존중 등 가치를 기틀로 하여 돌봄 관계가 필연적으로 이루어짐을 시사한다고 본다.

한국부모의 자녀에 대한 애정은 별나다.

한국의 부모·자녀 관계는 서양 사람들 사이의 개별적이고 독립적인 관계와 대조된다. 즉, 부모·자녀 관계는 위에서 지적한 바와 같이 동일체감(同一體感, 같은 몸이라고 생각함)을 바탕으로 한다. 자식과 부모를 한 몸이라고 보는 생각이다. 이러한 생각에서 부모의 기쁨과 고통은 곧 자녀의 기쁨과 고통이며 그 반대 방향도 같다고 보는 것이다(최상진, 2012: 251).

흔히 한국부모는 자식을 다섯 손가락에 비유하여 자식이 불행이나 고통을 겪을 때 부모는 자신의 손가락을 다쳐서 느끼는 고통으로 비유한다. 이는 부모·자녀의 동일체의식을 암시적으로 알려주는 것이다.

혈통을 같이하는 데서 발생하는 깊은 정은 영아기·아동기에는 부모로부터 시작되나, 자녀가 자라나면서 사회화되는 과정에서 자녀가 고령화되는 부모에 관한 관심을 가지고 걱정하는 도덕적 심정을 마음속에 품게 되고, 이어 성인이 됨에 따라 이러한 심정은 부모·자녀가 서로돌봄을 주고받는 호혜적 관계로 진전하게 된다(김인자 외, 2008).

이러한 관계를 보여주는 실례로서 다음 3가지 보기에 대해서 기존 문헌과 경험적 자료를 바탕으로 약술하고자 한다.

- [보기 1] 출산 및 영아기 양육
- [보기 2] 아동기의 도덕성 함양
- [보기 3] 성장 과정의 지원

[보기 1] 출산 및 영아기 양육

어머니가 아기에게 베푼 10가지 특수한 돌봄을 살펴보고자 한다 (참조: 부모은중경 父母恩重經).

아기를 출산하기 전과 후에 어머니가 베푸는 말로 다 표현할 수 없는 커다란 돌봄, 가족적인 돌봄이다.

① 10개월간 신체적으로 어려움을 겪으면서 잉태한 태아를 배 속

에 지켜주신 은혜

② 아이를 낳으실 때의 고생, 즉, 뼈가 산산 조각날 정도의 고통을 받으신 은혜

③ 태어난 아이의 울음소리를 들으시고 모든 고생과 근심을 홀연히 잊어버리시는 데 대한 은혜

④ 쓰고 맛이 없는 것은 자신이 먹고, 달고 맛이 있는 것은 뱉어내어 아이에게 주신 은혜

⑤ 많은 양의 젖을 먹여 주시며 키워주신 은혜

⑥ 아이가 대소변을 싸서 이불을 적시면 마른 데로 아이를 돌리고 자신은 젖은 곳에서 주무신 은혜

⑦ 아이의 대소변을 씻어도 더러운 냄새를 싫어하지 않으신 은혜

⑧ 자식을 위해 할 수 있다면 스스로 악업을 만들어 지옥에 떨어지는 것도 사양치 않으시는 은혜

⑨ 아이와 떨어져 있을 때 밤낮으로 걱정해 주신 은혜

⑩ 평생 자신의 몸을 바꾸어서라도 자식을 보호하려고 하시는 은혜

위와 같이 아기를 잉태하여 출산할 때 겪는 심신의 고뇌와 희생은 이루 다 형용할 수 없을 뿐만 아니라 출산 후에도 오로지 자식의 편의와 안전을 위해 자신의 몸을 희생한다.[3]

이러한 돌봄을 베푼 부모와 돌보아진 자녀 사이에는 깊고 막중한 애정, 존중, 측은지심 및 서 그리고 정으로 이루어지는 인간중시적

---

3 불교에서는 아버지의 은혜를 어머니의 이러한 은혜와 동등하게 보고 있다.

돌봄 관계가 자연적, 필연적으로 발생하여 지속되기 마련이다.

이렇게 신체적 및 정신적 희생을 하면서 극치의 모성애를 발현하는 어머니께 보건의료적인 사회적 돌봄을 제공하는 과업에 대해서 제8장 '두 가지 돌봄의 개선과 보안'에서 논의한다.

[보기 2] 아동기의 도덕성 함양

부모는 자녀의 도덕성 발달에 가장 커다란 영향을 미친다(이연숙, 2011; 김경희, 2003; 임진영, 2003). 아동의 성장(신체적, 정서적, 언어적, 인지적 및 사회적)을 도우면서 이들의 자신과 타인에 대한 지각을 발달시키고, 사회에 올바르게 적응하도록 바람직한 가치관과 사회적 기법을 배우도록 이끈다. 즉, 아동이 자라나기 시작할 때부터 도덕적인 판단과 욕구충족의 기준을 세워나가도록 칭찬하고, 타이르고, 벌을 주며 이끌어 나간다(임진영, 2003; 김경희, 2003). 이렇게 이끌어진 아동은 부모와 타인을 존중과 애정으로 돌보는 인간중시적 마음의 싹을 품기 시작한다(이희경, 2010; 김인자 외, 2008).

이어 학교에서 도덕적인 성품을 계발하기 시작한다(김인자 외, 2008). 점차 법과 질서를 따르게 되고 맡은 바 임무와 책임을 수행하게 된다. 자신의 감정과 욕구를 조절하고, 다른 사람의 감정에 공감하며, 타인의 욕구를 이타적으로 충족해 주는 친사회적이고 도덕적인 행위를 경험하고 배우게 된다(이희경, 2010; 김인자 외, 2008). 부모는 이러한 배움을 직접적·간접적으로 칭찬, 격려, 강화한다.

학교를 거쳐 넓은 사회의 일원이 되면, 사회공동체의 법과 규칙을 준수하게 된다. 다른 사람들과 사회생활을 하는 과정에서 자기도 소중히 여기지만, 남도 소중히 대하는 공(뭇사람)을 존중하는 인간적인 도덕적 성품을 간직하게 된다(교육과학기술부, 2011-361호).

부모가 간직하는 존중·애정의 가치관과 부모 중심의 인간관계, 사회관계의 양과 질이 위와 같이 자녀의 발달 초기부터 도덕적 성품을 간직하는 데 이르기까지 필요불가결한 영향을 끼친다(김경희, 2003; 임진영, 2003; 김인자 외, 2004).

도덕성은 부모·자녀 간 상호관계에서 싹튼다. 부모의 자녀에 대한 애정, 존중 등 가치는 자라나는 자녀가 부모를 사랑하고 존중하는 친사회적(親社會的) 반응-도덕성-을 이루도록 이끄는 지렛대 역할을 한다(이희경, 2010: 161; 김인자 외, 2008).

위와 같은 도덕적인 인성 개발을 발전적으로 실행하는 데 필요한 과업에 대해서 제8장 '두 가지 돌봄의 개선과 보완'에서 논의한다.

[보기 3] 성장 과정의 지원

자녀는 부모로부터 태어나서 애착기를 지나 친사회적(親社會的)이 되고 도덕성이 발달할 때까지 전적으로 부모의 돌봄으로 살아 나간다(구자순, 2010).

이때를 지난 뒤에도 독립된 가구를 구성할 때까지 노부모와 동거하면서 식사, 주거, 의복, 보건, 의료, 교육, 교동, 통신, 레크리에이션 등 생활에 필요한 다양한 도움을 받으면서 성인으로 되어 간다.

우리 문화에서는 자녀가 이렇게 부모에게 의존하면서 부모와 동거하는 것을 당연한 생활관습으로 보고 있다. 이런 관습은 가족주의 적이고 상호의존적인 한국인의 문화적 성향의 발로라고 할 수 있다. 고등학교만 마치면 부모와 떨어져 사는 것을 자연적인 관행으로 삼는 미국인의 생활풍습과 대조된다.

한국 문화적 맥락에서 자녀 양육은 부모가 책임져야 할 매우 커다란 과업이다. 이 과업을 수행하기 위해 부모가 지는 정서적 및 재정적 부담 또는 희생은 매우 크다. 특히 소득이 적은 계층의 경우가 그러하다.

다음은 자녀 양육을 위해 부모가 수행하는 책임과 부담에 대한 경험적인 자료이다.

두 가지 자료를 바탕으로 물질적으로 돌보는 실례를 들어 보고자 한다.

출생에서 대학 졸업까지의 양육

부모가 자녀 한 명을 양육하기 위해 부담하는 비용을 살펴보고자 한다. 다음 자료는 연전에 발표된 것이어서 현재는 각 비용항목에 걸쳐 증액되었을 것으로 추정한다.

출생에서 대학을 졸업할 때까지 드는 총비용이 2억 6천204만 원으로 드러났다(대한민국 국회교육과학기술위원회, 2012; 한국교육비부담현황보고서, 2010년 기준). 양육단계별 지출액은 영아기(0~2세)는 2천466만 원, 유아기(3~5세)는 2천938만 원이다. 자녀가 학교에 들어가면 비용이 더 늘어나 초등학교(6~11세) 6천300만 원, 중학교(12~14세) 3천535만 원, 고등학교(15~17세) 4천154만 원, 대학교(18~21세) 6

천812만 원이 되었다.

부모의 99%는 자녀의 고교졸업을 책임져야 하고, 89%는 대학 졸업을 책임져야 한다는 가치관을 가진 것으로 나타났다. '취업 때까지 책임져야 한다'라는 응답은 전체의 40%, '혼인 때까지'라는 응답은 28%였다. 김승권 보건사회연구원 선임연구위원은 "우리나라 부모는 자녀 양육에 과도한 책임을 지고 있다"라고 했다[대한민국 국회교육과학기술위원회. 2012년 10월 24일].

장기간의 생애과정에서 위와 같은 양육비를 부모가 부담케 한 원동력은 곧 퇴계(退溪)가 교시한 인간중시적 가치의 발현이라고 볼 수 있다.

성인자녀를 위한 지원비

한국 노부모는 성장한 자녀에게도 재정적 돌봄을 제공한다.

한국보건사회연구원(2016)이 발표한 '가족 형태 다변화에 따른 부양체계 변화전망과 부양분담 방안'(책임연구원 김유경)에 관한 조사에서 만 25세 이상 자녀를 가진 40~64세 부모 262명 중 39%가 성인 자녀에게 경제적 지원을 하고, 일상생활에서 도움을 주었음이 알려졌다.

부양을 받은 25살 이상 성인 자녀의 87%는 미혼이었고, 취업자 59%, 비취업지 28%, 학생 13% 등으로 나타났다. 이 자료는 다수 부모가 취업하고 있는 미혼 성인자녀를 돌보고 있음을 알리고 있다. 이 부모들의 68%는 돌보아지는 성인 자녀와 동거하고 있었다. 1년간 성인 자녀돌봄에 든 비용은 월평균 73만7천 원이었다.

돌봄의 어려움으로는 돌봄 비용 부담(39%)을 첫손으로 꼽았고, 그다음으로 자녀와의 갈등(30%), 개인 및 사회생활 제약(10%) 등이 지적되었다. 67%는 1년 내내 성인 자녀에게 경제적 지원을 했다.

지난 1년간 성인 자녀에게 정서적 도움을 포함한 일상생활에 도움을 준 빈도에 대해서 56%가 '거의 매일'이라고 답했다.

이상 실례(實例)는 노부모의 자녀돌봄의 실상을 설명하는 경험적 자료이다.

이러한 돌봄 외에도 자녀는 성장 과정에서 다양한 유형의 크고 작은 물질적(재정적) 도움(예: 일용 잡비, 교통비, 의료비, 레크리에이션비 등)을 수많은 횟수에 걸쳐 받았을 것이다.

다수 자녀는 성장한 뒤에 독립된 가구를 구성할 때까지 노부모와 동거하면서 계속 돌봄을 받는다.

가족 내에서 식사, 주거, 의복, 휴식, 위안을 포함한 가족적 돌봄을 받는 한편, 가족 바깥에서 교육, 보건, 의료, 상담, 교우(交友), 운동, 교통, 레크리에이션 등 다양한 사회적 돌봄을 받는다.

위와 같은 돌봄을 부모가 실행하는 어려움에 대해서 제8장 '두 가지 돌봄의 개선과 보완'에서 논의한다.

3) 가족적 돌봄을 보완하는 친족

대개, 고령자와 부부, 형제자매 및 친척은 감정적 유대관계를 갖고 기초적 욕구를 충족하기 위해 서로 의존하면서 돌보는 경향이 짙다. 대다수 고령자와 성인자녀가 별거하는 새 시대에는 이러한 친족

간 유대관계는 절실히 필요하다.

다음에 해설하는 친족간 돌봄은 가족적 돌봄을 보완, 증진할 수 있다.

(1) 형제자매

퇴계는 형제간 우의(悌)도 부모자녀 간 돌봄과 같이 인을 발현하는 덕목임을 밝혔다(성학십도, 인설). 퇴계는 "무릇 천하의 나이 많은 사람은 모두 나의 어른인데, 내 어찌 나의 형을 섬기지 않을 수 있겠는가"라고 하여 형제간 유대관계를 중요시했다(금장태, 2001: 228).

형제자매 간의 윤리를 형우제공(兄友弟恭)이라고 하여 형은 동생을 우의로써 돌보며 아우는 형을 존중하고 따를 의무를 가르치고 있다.

그동안 인구감소와 맞물려 형제자매 수가 줄어들어 형제자매 간의 깊은 정을 느끼지 못하며 자라나는 세대가 늘어나고 있다. 그리고 전통적 가족제도의 문제점이 깨끗이 가시지 않고 있다. 즉 남성 우월주의, 출가외인 시각(여자는 결혼하면 시집에 소속되어 친정과의 관계가 멀어진다는 견해), 재산상속에서 딸을 차별하는 관습 등이다. 이러한 관습은 형제자매 간 서로돌봄을 저해할 수 있다. 다행히 국가의 법적 조치와 새 시대 생활 패턴의 변화에 따라 이런 문제가 해소되고 있다.

형제자매는 화합을 이루지 못할 경우가 있다. 예로 유산분배 문제로 대립하고, 연령 차이와 남녀 구별이 있고, 종교, 교육 및 직업의 차이가 생기게 된다. 그러나 이러한 대립, 차이 및 구별은 서로 간의 우애와 존중에 힘입어 조정될 수 있다.

고령의 형제자매는 어려움을 당하면 서로 돌보는 전통을 이어간다. 생일행사, 혼사, 졸업식, 기타 기념할 행사를 함께 축하하고, 장례, 조상제사, 성묘, 종친회 모임에 같이 참여하고, 질병, 사고 등 어려움을 당할 때 위문하고 돌보면서 친밀한 유대관계를 다져 나간다. 가족적 돌봄의 중요 부분을 이룬다.

(2) 부부

부부관계는 애정, 존중, 친밀, 상호의존, 신뢰로 연결된 특수한 관계이다(이여봉, 2017; 이혜자, 김윤정, 2004). 노년기에 접어들면 부부간 서로돌봄 관계가 더욱 중요하게 된다.

노부부는 함께 생의 만족을 즐길 뿐만 아니라 문제에 부딪히면 서로 위로하며 돌보아 나간다. 고령자에게는 동거하는 배우자가 주된 돌봄제공자이다(62%~82%)(권중돈, 2019). 은퇴기 행복의 높고 낮음은 상당한 정도로 부부간 서로돌봄의 정도에 따라 결정된다고 본다.

배우자의 신체적 또는 정신적 손상은 심한 정신적 부담과 재정문제를 일으킨다. 이런 경우 가족 바깥의 사회적 돌봄으로 어려움을 극복하는 데 도움이 되는 돌봄을 받을 수 있다.

노부모는 젊은 가족원으로부터 재정적 도움을 포함하여 교통편, 집수리, 장보기, 병원방문 등을 위해 도움을 받는다. 한편 다수 노부모도 자녀에게 정서적 및 재정적 돌봄을 해나간다. 자녀를 돌봄으로써 노부모는 성취감과 행복감을 가지게 된다.

대다수 노부모는 정기적으로 또는 자주 성인자녀와 접촉한다. 부모와 자녀가 멀리 떨어져 사는 경우에도 서로 전화통화와 방문을 하고, 선물교환 및 재정지원을 하며 유대관계를 이루어 간다.

노부모는 자녀의 독립적 생활을 존중하는 한편 자신들의 취미와 활동에 힘쓰며 독자적 생을 꾸려 나간다. 시간이 나면 자녀들과 자신들의 장기요양, 긴급의료, 재산처리 및 사후장례에 대해 상의를 한다. 노부부가 건강이 나빠지고 인지능력을 잃게 되면, 먼저 가족원이 개입해서 돌보는 가족적 돌봄을 행하게 된다.

(3) 친척

노부모는 친척과도 돌봄 관계를 유지한다. 혈연으로 맺어진 내척 및 외척, 그리고 혼인으로 맺어진 인척에 속하는 친척이다. 친척은 노부모가 살아가는 데 힘이 되어주며, 어렵거나 힘들 때 곁에서 가족적 돌봄을 보완, 지원하는 자원이요 힘이 된다.

가족주의적 친척중시 태도가 여전히 퍼져있다(최재석, 2009; 김영범, 박준식, 2004; 최연실 외, 2015: 38-39). 친척은 사회적 지원망을 형성하여 서로돌봄 체계를 이룬다(김낙진, 2004: 48). 혈연으로 엉킨 친척이 존중과 정의로 서로 돌보는 집단을 이룬다는 것은 자녀와 별서하는 노부모 · 고령자에게 긴요하다.

한국인을 친척과의 관계를 중요시한다(최재석, 2009; 권중돈, 2019).

이 관계에 관한 다음 사항에 대해서 모두 '매우 찬성' 또는 '찬성'하는 응답이 나왔다. 즉 친척의 길흉사에 부조함, 어려운 친척을 돌봄, 중요한 결정을 할 때 친척과 의논함, 조상제사에 친척과 함께 참여함 등이다(성규탁, 2017).

친척 간 서로돌봄 관계는 우리 사회에서 오랫동안 지속될 것으로 본다(최재석, 2009; 성규탁, 2017).

친척은 위와 같이 가족적 돌봄을 지원, 보완하는 힘이 된다.

4) 주거형태(별거 및 동거)와 가족적 돌봄

성인자녀의 주거형태와 노부모 돌봄에 관한 관심이 고조되어 왔다.

성인자녀의 주거형태를 두 가지로 나눌 수 있다. 하나는 가족원이 함께 사는 경우(동거)이고 다른 하나는 떨어져 사는 경우(별거)이다.

가족이란 한 가구 내에서 부모와 함께 사는 또는 따로 사는 결혼한 아들과 며느리, 결혼한 딸, 미혼자녀, 손자녀로 이루어진 가족들을 말한다. 달리 말하면 부모의 핵가족, 아들의 핵가족, 딸의 핵가족, 손자녀의 핵가족으로 이루어진 서로 돌보는 가족망이다.

별거 자녀의 가족적 돌봄

자녀와 별거하는 고령자 가구는 늘고 있다. 2005년도에 18%이던 것이 2020년에는 34%로 증가하였다(통계청, 2020.1 장래 가구 추계). 다수 성인자녀는 노부모와 떨어져 살고 있어 지리적 거리로 인해 가

족적 돌봄을 행하기가 어렵게 될 수 있다.[4]

하지만 부모자녀 간의 애정, 존중 등 가치로써 이루어지는 유대관계는 강하여 떨어져 살면서도 여러 가지 대안을 찾아 인간화된 돌봄을 실행해 나간다(신용하, 2004; 권중돈, 2019).

한국의 다수 성인자녀가 가족 행사와 명절에 고향을 찾아 노부모와 친밀한 유대관계를 유지하는 관행은 이러한 돌봄이 이루어지고 있음을 알려준다.

다수 자녀는 직장, 교육, 결혼생활 때문에 노부모와 떨어져 산다. 노부모도 살기 편한 곳, 경제적으로 살 수 있는 곳, 의료시설이 잘되어 있는 곳, 교통이 편리한 곳으로 옮겨 가며 자녀에게 폐가 되지 않도록 거리를 두어 사는 사례가 늘고 있다.

떨어져 살면 물리적 거리는 물론 사회적 거리가 생길 수 있고 가족원들 사이에 접촉, 대화 및 손끝으로 하는 돌봄이 줄어들게 된다.

거리상으로 떨어져 살기는 하나 다수 성인자녀는 노부모와의 혈통을 기틀로 이루어진 끊을 수 없는 친함과 감정적 유대가 강하여 발전된 교통·통신 수단을 활용하여 전화, 화상통신, 전자우편, 편지, 생활필수품 우송 그리고 직접 방문을 해서 노부모와 접촉하며 정서적 및 물질적으로 돌보아 나간다. 형편이 여의치 않아 이렇게 하지 못하는 자녀는 친지, 요양보호사 또는 돌보미가 돌보도록 하거나 복지·요양시설에 위탁해서 돌보도록 해나간다.

---

4 혼자 사는 독거 노부 또는 노모와 배우자하고만 사는 노부모 수가 많아졌다(보건복지부, 노인실태조사, 2014; 권중돈, 2021).

떨어져 살아도 이렇게 노력하면 인간중시적 가족관계를 유지할 수 있다. 외국의 연구를 보면 부모자녀 간의 친밀성, 애정, 의무감은 거리의 길고 짧음에 상관없이 지속될 수 있다(Climo, 1992; Dewit & Frankel, 1988). 거리는 접촉빈도를 줄이기는 하지만 부모자녀 간의 인간화된 유대관계와 돌봄 관계를 무너트리지는 못하는 것으로 보인다.

이 사실은 어릴 때부터 부모와 정이 들면 그것이 평생 변하지 않는다는 사실을 알려 준다. 앞서 논한 부모자녀 간 친한 관계 부자유친(父子有親) 관계가 지속되는 것이다.

별거 자녀가 돌봄을 증진하는 방법

전화통화: 별거 자녀가 부모돌봄을 하는 데 전화가 제일 많이 사용된다. 전화는 서로가 얼굴을 맞대볼 수 없고 흔히 짧게 이야기하기 때문에 노부모의 생활 전반에 걸쳐 알기가 힘들다. 하지만 자녀는 정기적 또는 수시로 친밀하게 온정과 존중을 나누며 통화를 하여 부모의 안녕을 살펴 나갈 수 있다.

방문: 부모를 명절 때, 가족 행사 때, 휴가 때 방문할 수 있고, 예정 없이 방문할 수도 있다. 대개 이틀이나 사흘 머물며 부모와 숙식을 함께하며 애정과 존중을 발현할 수 있다. 다행히 우리나라는 국토가 좁고 교통수단이 발달하여 단시일에 방문했다가 돌아올 수 있다.

먼 거리에 사는 노부모를 방문하는 데는 여러 가지 요인이 작용한다. 부모의 건강문제와 자녀 자신의 가족에 대한 책임이 작용한다.

방문하기 전 계획, 준비하는 것이 좋다. 자녀는 직장 사정과 사회

활동을 고려해야 하고 노부모는 농사일, 지역사회 활동 등에 차질이 없도록 해야 할 것이다. 방문하는 기간을 사전에 서로 조정하지 않으면 흔히 상대방에게 폐가 될 수 있다.

만나면 서로 적응하는 시간을 가져야 한다.

머무는 동안 부모의 재정 및 건강 사정을 파악하면서 부모자녀 간 정서적 결합을 이루고 애정·존중이 두터워지며 세대 관계가 공고히 될 수 있다.

방문이 끝나고 작별할 때 부모의 건강이 나쁠 경우 침울한 분위기 속에서 떠나게 된다. 작별의 슬픔을 다음 방문을 계획함으로써 잊어버리려고 한다.

부모의 건강과 자녀의 대응

부모의 건강은 별거하는 자녀가 가장 고민하는 문제이다. 노부모는 예고 없이 심신(心身)의 질환이 생길 수 있다. 부모가 급성질환에 걸리거나 위독할 경우 자녀는 긴급히 방문해서 일정 기간 부모와 함께 머물면서 대처할 수 있다. 부모가 정신질환이 있거나 만성질환으로 장기간 고생하는 경우는 자주 방문할 필요가 있다. 자녀는 부모를 떼어 놓고 멀리 사는 데 대해 죄의식과 스트레스, 그리고 무력감과 좌절감을 가진다. 그뿐만 아니라 재정 부담이 늘고 직장생활에 지상이 생길 수 있으며 부모의 오해와 서운함을 사게 되는 경우도 있다.

자녀와 부모의 관계는 서로에 대한 애정, 존중, 측은지심 등 가치로써 도와주려는 소원으로 차 있다. 부모도 별거하는 자녀를 지원하는 경우가 많다. 교육비, 주택구입비, 재산 물려줌, 위로와 격려, 자문과 충고, 식료품 등을 자녀와 손자녀에게 제공한다.

이처럼 물리적 거리로 인한 불편에도 불구하고 부모·자녀 간 돌봄 관계는 대안을 찾아가며 지속되어 인간화된 가족적 돌봄이 이루어진다.

별거 자녀가 제공할 돌봄

떨어져 사는 자녀는 부모에게 수단적(물질적) 및 정서적(정신적) 돌봄을 고르게 하려고 애를 쓴다. 용돈, 생활비, 선물, 기차·비행기표, 여비, 의료비, 주택유지비 등을 제공한다. 부모도 이러한 돌봄을 자녀에게 제공하는 경우가 많다. 퇴계가 교시한 부자자효(父慈子孝, 부모는 자녀를 애정으로 보살피고 자녀는 부모를 존중하며 돌보는 호혜적 관계)가 이뤄지는 것이다.

그뿐만 아니라 가족 바깥의 사회복지사, 목사, 신부, 스님, 의사, 가까운 친구 및 친척과 교섭해서 이분들에게 필요할 때 부모를 돌보아 주고, 특히 부모가 위급할 때 의료시설로 이송토록 부탁할 수 있다.

건강문제 등 어려움이 생길 때 부모를 돌본다는 것은 자녀의 의무이다. 부모의 건강문제에 대해서는 미리부터 돌볼 태세를 갖추어야 한다. 그럼으로써 뒤에 오는 충격과 어려움을 줄일 수 있다.

부모가 불구가 되어 전문적 간호와 지속적 치료가 필요하게 되면 보호 부양 능력이 있는 자녀의 집으로 옮기거나, 요양보호사나 돌보미를 고용해서 거택 간호를 하거나, 전문요원을 갖춘 요양원에 입원토록 할 수 있다. 사회적 돌봄을 받을 수 있게 하는 것이다.

종국 단계

오늘날 의학은 사망까지의 시간을 연장하여 종말까지 일 년 또는 그 이상의 시간이 걸리는 경우가 많다. 부모가 임종에 가까워지면 임종에 임하는 준비를 해야 한다. 우리 문화에서는 부모 임종 때 참여하지 못하는 자녀는 평생 죄의식을 느끼며 한으로 삼는다.

사망한 부모의 장례식은 자녀 평생의 가장 감동적이고 엄숙한 행사이다.

이처럼 자녀는 멀리 떨어져 살면서도 부모의 생전과 사후에 걸쳐 정서적 및 수단적 돌봄을 겸해서 사회적 돌봄을 활용하면서 온정, 존중, 측은지심, 서로써 가족적 돌봄을 실행해 나갈 수 있다.

동거하는 자녀의 가족적 돌봄

전국적으로 고령자 가구의 20% 정도가 기혼자녀와 동거하고 있다(통계청, 2020 장래 가구 추계). 이 숫자는 서양 나라들보다는 훨씬 높은 편이다.[5]

부모가 고령이 되어 의존도가 높아질수록 자녀와 동거하는 비율은 높아지는 경향이다. 그리고 소득이 적은 가족일수록 이런 비율이 높아진다(권중돈, 2019).

성인자녀는 부모와 동기함으로써 별거하는 경우보다도 수단적으로 돌보는 의무를 더 쉽게 수행할 수 있다. 고령이 되어 건강이 나빠

---

5 노인 홀로 사는 독거가족은 증가하였다: 2005년 18%, 2020년 34% (통계청 위 자료).

질 때 자녀와 동거함은 곧 가족적 보호와 간호, 즉 가족적 돌봄을 더 잘 받을 수 있음을 뜻한다.

이런 경우 노부모도 자녀와 서로 돌보는 호혜적 관계를 이루어 나간다. 예로 자녀에게 격려, 위로, 상담, 충고, 재정지원을 해주고, 손자녀 지도, 아이 보아주기, 가사 돌보기 등을 한다. 딸이나 며느리가 직장을 가지고 밖에서 일하는 경우에는 부모(특히 어머니)는 그 집의 가사를 도맡아 보아 준다.[6]

동거는 대개 성인자녀와 노부모가 서로 돌보는 데 유리한 조건이 될 수 있다. 양편의 경제적 및 사회적 욕구·필요를 호혜적으로 충족할 수 있기 때문이다.

그러나 동거를 바람직하지 않다고 보는 견해가 있다. 즉, 동거에 따른 문제-사생활 결여, 생활공간 부족, 재정 부담, 가족원 간 갈등과 충돌 등-가 있을 수 있다.

이러한 부모자녀 간에 일어날 수 있는 혜택과 불편함을 고려할 때 결국 동거는 자녀와 부모가 의논해서 혹은 전문인의 상담을 받아 선택할 과제라고 본다.

부모·자녀가 동거하는 것은 주택 부족이나 경제문제 때문으로 보기보다는 존중·애정으로 이루어진 감정적 유대로써 인간화된 가족적 돌봄을 행하는 한국인의 문화적 관습 때문으로 본다.

---

6 부양 수혜율(정기적 경제적 부양): 동거 자녀 56%; 별거 자녀 46% (한국보건사회연구원, 2020, 노인실태조사).

5) 가족적 돌봄의 특성

위에 논한 바와 같이 가족적 돌봄의 기틀을 이루는 부모·자녀 관계는 부모와 자녀가 서로 애정, 존중 등 가치로써 인간화된 돌봄을 주고받는 호혜적 관계이다. 별거하거나 동거하거나 이러한 관계가 이루어지고 있음이 드러났다.

이런 관계는 노부모의 건강상태가 악화하거나 신체장애가 발생하여 독자적으로 거동할 능력을 잃을 때 심각한 단계에 이른다. 장애 정도가 심할수록 가족의 손길이 더 필요하게 된다. 예로 가장 힘든 간호가 필요한 치매 환자의 경우 친밀한 가족원(주로 딸, 배우자)의 돌봄을 받는 사례가 많다. 이러한 돌봄은 극치의 인간화된 돌봄이다.

우리의 가족은 미증유의 변화에 부딪히고 있다. 하지만, 상당수의 가족은 인간중시적 가치로써 가능한 한 자체적으로 노부모 돌봄을 담당해 나가는 경향이다.

이러한 가족적 돌봄은 친밀한 유대관계를 이루는 '우리'의 가족 공동체에서 위와 같은 가치를 기틀로 이루어지고 있다.

가족적 돌봄은 또한 다음과 같은 돌봄을 행하는 성향이 강하다.

가족은 예측할 수 없이 돌발적으로 일어나는 문제가 일어날 때 즉시 대응해서 면대면으로 돌본다. 아울러 제공되는 가사 돌보기, 취사, 급식, 세탁, 목욕, 요양, 보호 등 돌봄은 노부모의 삶을 유지하는 데 필요불가결하다.

이러한 가족적 돌봄의 기틀을 이루는 부모자녀 관계는 퇴계가 밝힌바 돌봄을 주고받는 호혜적 관계이다.

가족적 유대가 우리보다도 약한 미국인의 경우에도 장애 정도가 심한 노부모의 80%가 가족과 친족의 보살핌을 받고 있다(Doty, 1986; Connidis, 2009). 개인주의적 사회에서도 이처럼 가족이 장애가 있는 노부모를 돌보는 의무를 수행함은 주목해야 할 사실이다.

위와 같이 행해지는 가족적 돌봄의 특성을 다음과 같이 간추려 볼 수 있다.

- 인간중시적 돌봄 (존중, 애정, 측은지심, 서로돌봄)
- 자율적 돌봄 (자진해서 자주적으로 돌봄)
- 개별적 돌봄 (면대면의 개별적 돌봄)
- 우발적 문제에 대한 돌봄 (일상생활에서 예측할 수 없이 발생하는 잡다한 문제들을 풀어나감)

가족적 돌봄은 위와 같은 돌봄을 실행하는 데 사회적 돌봄보다 앞선다. 우리 문화에서는 이러한 노부모 돌봄이 다른 문화에 비하여 더 드러난다. 특히 부모자녀 간 존중, 애정 등 가치로써 서로 돌보는 호혜적 관계가 유별나다.

하지만, 가족적 돌봄은 제한점을 가지고 있다. 무엇보다도 노부모 · 고령자가 필요로 하는 기술 중심적인 사회적 돌봄(특히 사회 심리적 및 보건의료적 돌봄)을 위한 전문적 기술, 시설 및 인력을 갖추어 다수 고령자를 돌보지 못하는 것이다.

이러한 제한점에도 불구하고 가족적 돌봄은 노부모를 비롯하여 어린이, 장애인 등 사회적 약자를 가족 세팅에서 인간중시적으로 돌보는 중요한 역할을 한다.

6) 가족적 돌봄을 저해하는 요인

가족적 돌봄은 의존적인 노부모에게 기초적인 정서적 및 수단적 돌봄을 제공하는 데 주도적 역할을 한다.

하지만 출산율 저하, 부양자 수의 감소, 남녀의 생존 연한 차이, 이혼율 증대, 세대 간 별거, 거주지 이전 등 변동 때문에 가족적 돌봄을 행하는 가족원 수는 점차 감소하는 추세이다.

이러한 시대적 변화의 맥락에서 상당수 가족은 과거보다는 노부모를 돌볼 의욕과 힘이 약화하는 경향이 없지 않다. 하지만 다수 가족은 가족 중심으로 서로 돌보는 전통적 관행을 대안을 찾아가며 유지, 지속하고 있다.

이러한 가치의 발현과 관행의 실행을 어렵게 하는 다음과 같은 요인이 작용하는 것이 오늘의 현실이다.

예로 노부모의 신체적 및 정신적 상태가 심각하여 가족의 힘만으로는 돌봄을 계속하기 어려움. 매우 힘든 장기적 돌봄으로 가족원의 소진이 발생하거나, 노부모 돌봄을 에워싸고 가족원 간에 갈등과 대립이 생기거나, 부모를 부양할 의지와 능력이 없거나 매우 약할 수 있다.

가족적 돌봄을 어렵게 만드는 위와 같은 요인의 대부분은 가속원들의 인간 관계적 및 감정적 문제와 연관된 것으로 보인다. 이런 문제는 세금 감액이나 보조금 지급으로는 쉽게 해결될 수 없을 것으로 본다.

　따라서 노부모를 돌보는 가족원의 감정적 스트레스를 감소하는 방안을 우선으로 강구해야 하겠다(정순돌 외, 2009).

　이러한 방안을 강구, 실천하여 가족적 돌봄을 증진하기 위해서 가족 바깥의 사회적 돌봄을 제공하는 데 관하여 제8장 '가족적 돌봄 과 사회적 돌봄의 개선, 보완'에서 논의한다.

◇ 제6장 ◇

사회적 돌봄의
실행

사회적 돌봄을 받기를 원하는 고령자 수는 해마다 늘고 있다(권중돈, 2022). 이 사실은 돌봄을 가족이 충분히 제공하지 못하며, 사회적 돌봄에 대한 잠재적 수요가 늘었음을 시사한다.

고령자는 건강, 수입, 고용, 주거, 여가, 교육, 사회참여 등에 대한 욕구를 가진다. 고령자의 이런 욕구를 충족하도록 지원하는 과업을 사회적 돌봄제공자가 수행한다.

시대적 변화는 이러한 사회적 돌봄에 대한 욕구를 증대하고 있다. 사람의 수명이 연장되고, 가족원 수가 감소하며, 직장을 가진 여성과 남성이 늘어나고, 부모와 별거하는 자녀가 많아짐에 따라 의존적인 노부모·고령자를 돌보는 손길이 줄어 들고 있기 때문이다.

이런 맥락에서 다수 가족은 사회적 돌봄이 필요하다. 바꾸어 말하면 가족의 자체돌봄 능력의 부족을 보완하기 위해 가족 바깥에서 제공되는 사회적 돌봄이 필요하다.

다행히 한국이 재정적으로 부유해지고 인권과 자유를 숭앙하는 민주주의 나라가 됨에 따라 고령자 돌봄에 대한 책임을 대사회가 더 많이 지게 되었다.

한편 가족의 노인부양 기능이 약화하면서 노인 문제가 급속히 확산함에 따라 나라는 노인복지법(1981)을 제정하여 노인복지 정책을 추진하고 있다.

지방자치단체(시, 군, 구) 지원으로 각종 사회복지조직(시설)과 민간단체가 다양한 사회적 돌봄을 제공하며 전통적으로 가족이 해온 고령자 돌봄의 상당한 부분을 대신 행하고 있다(보건복지부, 2022: 사회서비스공통업무안내; 보건복지부 한국보건복지정보개발원, 2014, '나에게 힘이 되는 복지서비스').

하지만 사회적 개입-사회적 돌봄-은 부분적이며 완전하지 못한 경우가 있다. 지방자치단체의 재원 부족, 전문인력 부족, 돌봄시설 미비 등 이유와 고령자 측의 수혜자격 미달, 자비 부담능력 부족, 접근성 부족 등의 까닭으로 돌봄이 필요한 고령자의 일부에게만 제공된다.

어느 경우든 사회적 돌봄은 가족의 자체돌봄 기능을 빼앗거나 훼손하지 않고 이를 보완, 강화하는 방향으로 실행되어야 한다.

1. 공(公) 사상의 실현

퇴계는 가족 중심의 돌봄을 확장하여 사회의 뭇사람을 위한 공(公)을 이룰 것을 거듭 역설하였다(퇴계집, 차자 인설: 성학십도, 인설). 퇴계는 공을 인(仁)을 체득하는 방법이라 하여 중요시했다.

가난하고 소외된 그리고 고통으로 신음하는 사람들의 고난과 아픔을 자신의 고난이요 아픔으로 여기며, 이들을 위한 인간중시적인 공을 위한 돌봄을 지향하는 것이 퇴계의 이상(理想)이라고 볼 수 있다.

퇴계는 다음 말로써 공의 중요성을 강조하였다.

공(公)은 하늘이 나린 도리(天理)를 따르며 사람의 욕심(人慾)을 나타내는 사(私)와 반대된다. (퇴계집, 서명 고정강의).

위와 같이 공은 사사로운 사(私 자기)를 극복하여 다른 사람을 사랑하며 나누어 가짐으로써 널리 베풀어 만민을 구제하는 윤리임을 밝힌 것이다(퇴계집, 차자 인설).

이런 윤리를 따라 나의 부모를 미루어 다른 사람의 부모를 섬기고, 나의 자녀를 미루어 다른 사람의 자녀를 사랑함으로써 인을 실현하는 노력이 내 가족으로부터 이웃공동체, 천하의 뭇사람 돌봄(爲公), 즉, 대사회를 위한 돌봄으로 확장되는 것이다.

퇴계는 그의 사상을 집성한 '성학십도'(聖學十圖)에서 공을 거듭 창도하였다. 다음 말은 그의 공 사상(公思想)을 더욱 구체적으로 알린다.

천하의 파리하고 병든 사람, 고아와 자식 없는 노인, 홀아비와 과부는 모두 내 형제 가운데 어려움을 당하여 호소할 데 없는 자이다. (성학십도, 서명).

어려운 사람들-사회적 약자-는 나와 함께 공동체를 이루는 형제로서, 이들을 인간중시적 정신으로 돌보아야 함, 즉 공을 실행해야 함을 호소한 것이다. 퇴계의 공사상은 아래 말에 더욱 깊이 담겨 있다.

> 사심(私心)을 깨뜨리고 무아(無我)의 공도(公道)를 크게 열어 남과 나 사이에 틈이 없고, 털끝만 한 사심도 그 사이에 끼어들지 못하게 해 준다. 그리하여 우리에게 천지가 한 집안이고 온 나라가 한 몸이 되어, 가렵거나 아프거나 서로가 다 내 몸에 절실하게 느끼어 마침내 인도(仁道)를 터득하게 해 준다. (퇴계집, 경연강의, 서명 고정강의).

퇴계는 위와 같이 공(公)을 밝혀줌으로써 사회적 돌봄의 기틀이 되는 기본 가치와 이 돌봄의 실행방법을 교시하였다.[1]

퇴계의 가르침에서 인(仁)을 발현하는 애정·존중 등 가치와 아울러 공을 강조한 점은 이분의 인간중시적 사상의 기틀을 이룬다.

공(公)의 실현: 향약(鄕約)

퇴계가 공을 사회현장에서 실천에 옮긴 업적이 (제1장에서 거론한) 향약이다. 향약은 조선 시대 향촌 주민의 상호부조(相互扶助)를 실행

---

[1] 공(公)의 뜻을 한문사전에는 '공평하다', '사심 없이 나누다', '함께 하다'라고 하고, Wikipedia 사전에는 'public'(公)을 'acting for the community as a whole'(공동사회 전체를 위해서 행동함), 'being in the service of a community'(공동사회에 봉사함), 'devoted to the welfare of the community'(공동사회복지에 기여함), 'the people constituting a community'(공동체를 구성하는 사람들)라고 하였음.

한 민간주도의 사회적 돌봄이다. 사회적 계급을 초월하여 공평한 재정적 원조와 너그러운 사회적 돌봄을 제공해서 향민의 기초적 욕구를 충족한 위공(爲公) 사업이다.

이 사업의 기틀이 바로 퇴계가 창도한바 애정, 존중 등 가치로써 발현된 인간중시적 사상이라고 본다.

향약은 (앞서 제시한) 구난; 질병 구제; 고약부양; 빈궁진휼; 가취보급; 사장조위; 사창경영을 실행했다.

퇴계는 이러한 향약을 통하여, 전술한, 鰥(환) 寡(과) 孤(고) 獨(독)의 어려움을 당한 향촌의 고령자를 위한 경로사업을 실행하였다.

향약의 돌봄사업의 틀은 고령자를 비롯하여 어려운 향민을 위한 포괄적 사회복지돌봄을 위한 도덕적이고 윤리적인 방법과 절차로 짜여 있다.

인간화된 돌봄의 범례

조선의 사회문화적 토양에서 생성한 위와 같은 인간중시적인 사회적 돌봄의 범례(範例)는 오늘의 고령자복지를 인도하는 지렛대 역할을 할 수 있다고 본다.

이런 범례를 이룩하게 한, 전술한, 도덕적이고 윤리적인 가치는 보편성이 뛰어나고 항구성이 짙어 사회적 변화에 따라 쉽게 달라지지 않는다. 우리의 인간화된 고령자복지를 기획, 실행하는 데 발현되어야 할 가치로서 상존하고 있다고 믿는다.

우리나라에서 역사적으로 (국가제도권 밖) 민간이 자발적으로 어렵고 딱하고 불쌍한 사람들을 도와주려고 인도주의적 사회적 돌봄을 실행한 사례로서 여러 가지를 들 수 있다. 퇴계가 주도한 향약과 아울러 민본사상(民本思想)을 정치질서의 이상으로 삼아 빈민구제를 창도한 정약용(丁若鏞)의 목민심서(牧民心書)에 담겨 있는 접근도 사회적 돌봄의 역사적 사례로 들 수 있다.

오늘날 이런 민간의 사회적 돌봄은, 다음 절에서 논하는 바와 같이, 규모가 크고 조직적인 나눔 활동-기부, 자선, 사회봉사-로서 진행되고 있다(강철희, 2020).

계(契)

계도 넓은 의미의 사회적 돌봄에 속한다고 본다.

이웃과 지역사회 성원들의 인간적인 침묵과 공제를 위해 자발적으로 이루어진 자치적인 소(小)집단 또는 그룹의 사회적인 돌봄 활동이다.

부모의 회갑연을 위한 계, 혼례와 장례를 위한 계, 자녀의 장학을 위한 계, 사교를 위한 계, 농기구를 마련하기 위한 계, 화재나 홍수가 날 때 도와주는 계, 기타 마을의 공동사업을 위한 계 등 계원들의 여러 가지 형태의 필요를 충족하기 위해 운용된다. 물질적 자원을 모아 나가면서 각 계원이 필요할 때 이를 사용토록 하는 약정 하에 조직된 모임이다. 즉 약원들이 힘을 모아 개개 약원을 도와주는 사회적인 돌봄이다. 역사적으로 오랫동안 조선인이 실행해온 사회생활에서 지키는 윤리적인 규범이다.

'계'를 비롯한 '부조', '의연', '두레', '품앗이'는 지금도 우리나라 방방곡곡에서 실행되고 있는 민속적(民俗的)인 사회적 돌봄이다.

이러한 민간의 상호부조적인 사회적 돌봄은 다음에 논하는 공적인 사회적 돌봄과 함께 한국인의 고령자를 위한 사회적 돌봄을 이룩하도록 이끄는 문화적 자산이 되고 있다.

2. 사회적 돌봄을 뒷받침하는 사회보장

나라의 고령자복지를 위한 공적 접근을 사회보장을 위한 소득보장과 사회서비스로 대별할 수 있다.

소득보장은 '사회보험'과 '공공부조'로 이루어진다. 사회보험은 건강보험, 국민연금, 고용보험, 산재보험, 장기요양보험 등으로 이루어지고, 공공부조는 국민 기초생활보장, 기초연금, 긴급지원 등으로 이루어진다.

사회보험은 이 공적 혜택을 받을 자격을 갖춘 고령자, 즉, 일정 기간 기정된 금액을 지불한 고령자가 수혜자가 되고, 공공부조는 지방자치단체의 재원으로 기초생활수급자를 포함한 생활이 어려운 고령자와 가족의 최저생계보장과 자립촉진을 목적으로 제공된다.

에로 생활이 어려운 고령자(65세 이상)를 위한 기초생활보장제도는 부양의무자가 없거나, 소득이 적거나, 부양의무자가 군 복무 시 생계지원, 주거지원, 의료지원, 사회복지시설이용지원, 교육지원, 장례보조비지원, 연료비지원, 전기요금지원 등의 지원을 제공한다(보건복지부 보건복지정보개발원, 2014 '나에게 힘이 되는 복지서비스').[2]

---

2 기초생활 보장을 위한 생계급여수급 노인(65세 이상)은 2014년에 38만여 명, 2020년에 44만

공적 사회서비스

정부가 제공하는 공적 '사회서비스'는 주로 고령자, 아동, 장애인, 다문화가족 등 사회적 약자를 위한 사회적 돌봄이다. [제한적으로 '바우처'를 통해서도 제공된다.]

사회서비스는 사회보장기본법에 따라 사회적 돌봄이 필요한 모든 국민에게 제공된다. 심리 사회적 욕구 및 문제를 충족, 해소해서 사회적 기능을 향상하기 위한 돌봄으로서 상담, 치유, 재활, 의뢰, 역량개발, 주·야간 보호, 가정방문 돌봄, 건강보호 돌봄, 사회적 지지, 일자리 마련 등이 주로 사회복지 시설에서 제공되며 필요에 따라 가정과 지역사회에서도 제공된다. 이 돌봄은 흔히 맞춤 돌봄으로서 독거가족, 조손가족, 고령부부 가족, 다문화가족 등이 주 대상이다.

지방정부(시, 군, 구)가 각종 사회복지조직(시설)과 공익단체에 위촉해서 제공되는 이러한 관민협업(官民協業)으로서의 돌봄은 인간다운 생활을 보장하고 삶의 질을 향상토록 지원하는 공적인 사회적 돌봄이다(보건복지부, 2022: 사회서비스 공통업무안내).

노인 인구 중에는 이 사회적 돌봄을 받지 못하는 비율이 아직은 높은 편이다(권중돈, 2022).

이러한 사회적 돌봄을 제공하는 주체가 공적인 보장기관(지방자치단체)이기 때문에 사적인 민간단체가 제공하는 사회적 돌봄과 구별된다. 하지만 사회현장에서는 이러한 공적 돌봄과 사적 돌봄은, 돌봄 프로그램의 규모와 범위에 차이가 있지만, 다 같이 병행되어 실

여 명으로 늘어났다. (한국보건사회연구원, 2020, 2020년도 노인실태조사).

행되고 있다.[3]

이 책에서는 사회보험과 공공부조를 받거나 받지 못하는 고령자를 포함하여 사회적 돌봄이 필요한 모든 고령자에게 제공되는 돌봄에 중점을 두고 논의하고자 한다.

3. 민간 사회적 돌봄의 확장

시민이 자원해서 시간, 재능, 노력 및 재력을 염출하여 고령자를 포함한 사회적 약자를 위한 사회적 돌봄이 실행되고 있다.

인간중시적 가치로써 자발적이며 대가 없이 행하는 공(公)을 위한 사회적 돌봄이다.

예로서 고령자를 위한 노력 봉사(청소, 세탁, 급식 지원, 연탄운반, 환경정리, 직업 재활 등), 직접봉사(산책 동반, 책·신문 읽어주기, 목욕 도움, 나들이 지원, 용돈 제공 등) 및 재능봉사(교육, 의료, 간호, 요양, 주간 보호, 학대방지, 이·미용 봉사, 도배·수리 등)를 들 수 있다. 급환, 재난, 사고를 당한 고령자와 독거노인 및 부양자가 없는 고령자를 돌보아 주기도 한다.

아울러 퇴계가 호소한 (앞서 논한) 환과독고(鰥寡獨孤)의 어려움을 겪는 고령자를 위한 위와 같은 봉사 활동이 이루어진다.

---

3 사회복지돌봄 프로그램(program)이란 중장기적으로 실행할 돌봄 활동 및 기법, 돌봄 대상 고객, 돌봄을 제공할 요원, 돌봄 세팅, 돌봄 기간, 돌봄을 위한 재정(예산), 달성할 목표, 목표 달성으로 이룩할 결과 및 결과 평가를 종합적으로 기획, 설정한 것임.

사회공헌으로서의 기부는 괄목할 만한 증가추세를 보이고 있다 (전경련, 사회공헌백서, 2016).

비영리 공익재단도 급속히 성장하고 있다. 아산사회복지재단, 삼성공익재단, LG복지재단, 인애복지재단, 인애동산, 자광재단, 공생재단, 우체국공익재단 등 전국 시, 군, 구에서 활동하는 4,500여 개의 대소 재단들이다. 종교단체의 기부 활동도 다대하다.

아울러 논할 것은 한국의 국제지원 활동이 여러 나라에서 진행되고 있는 사실이다. 정부가 지원하는 한국국제협력단(KOICA)을 비롯한 민간 공익재단이 발전도상국에서 행하는 돌봄 활동은 세계적으로 호평을 받는 국제적인 사회적 돌봄이다.

이러한 바람직한 현상은 한국인이 국내외에서 공을 위한 사회적 돌봄을 발전적으로 실행하고 있음을 예증한다.

이와 같은 공을 위한 돌봄을 이끄는 지렛대 역할을 하는 힘은 다름 아닌 퇴계가 역설한 인간중시적 가치라고 믿는다.

지속적으로 이루어지는 사회적 돌봄

가족적 및 사회적 문제와 정신적 및 신체적 질환을 가진 고령자가 많아짐에 따라 고령자를 위한 돌봄-상담, 치유, 교정, 요양, 재활, 생활 지원 등-이 개발, 확장되어 나간다. 심리적, 의료적, 사회적 및 사회 환경 조정적 방법을 적용하여 개인, 가족 또는 집단에 제공되는 긴요한 사회적 돌봄이다.

구체적으로 노부모 · 고령자의 소외문제, 고독문제, 건강문제, 역할상실, 용돈 문제 등을 해소하기 위한 돌봄으로서 일자리개발, 직업알선, 역할부여, 노인단체 활성화, 복지사업, 상담, 경로우대 등과 같은 여러 가지 사회적 돌봄을 행하는 사회복지돌봄 프로그램이 지속적으로 개발, 운영되어 나간다(보건복지부, 2022: 사회서비스공통업무 안내).

이 사회적 돌봄을 민관협업(民官協業)으로서 정부 지원으로 사회복지조직과 공익단체가 운영하는 노인복지관, 노인요양원, 노인병원, 보건소, 치매 요양원, 상담소, 재가복지센터, 노인 일자리 마련 센터, 자원봉사센터 등이 현대적 기술, 기구, 장비, 시설, 통신교통수단 및 전문인력을 갖추어 제공하고 있다.

이러한 돌봄을 제공하는 시설과 단체를 다음과 같이 구별해 볼 수 있다.

- 노인주거복지시설(양로, 공동생활, 노인복지주택)
- 노인의료복지시설(요양)
- 노인여가복지시설(복지관)
- 재가노인시설(가정봉사, 주간 보호)
- 노인보호기관(학대 예방)
- 노인의료복지시설(요양시설)
- 공익단체(생활 지원, 가정봉사, 사회봉사, 일자리 마련)

위와 같은 가족 바깥의 돌봄제공자가 행하는 사회적 돌봄이 지속적으로 제공되지 못하면 가족적 돌봄을 바람직하게 받지 못하는 노부모·고령자의 생의 질을 높여 복지를 유지, 증진해 나가기 어렵게 된다.

인간화된 가족적 돌봄 선호

위에 제시한 사회적 돌봄이 확장되고는 있지만, 다수 노부모 · 고령자는 가족적 돌봄을 선호하고 있다(이승호, 신유미, 2018; 성규탁, 2020).

이러한 사실은 고령자가 존중, 애정 등 가치로써 제공되는 가족적 돌봄을 소원하고 있음을 시사한다. 전술한 바와 같이 고령자의 3분지 2가 내 집에서 노후를 보내기를 원한다는 사실이 이러한 소원을 예증한다. 이 사실은 보다 더 인간화된 사회적 돌봄을 제공할 필요성을 알리는 것으로 본다. 사회적 돌봄을 행하는 시설과 제공자가 숙지해야 할 사실이다.

하지만 사회적 돌봄을 원하는 고령자 수는 해마다 늘고 있다. 이런 고령자 수는 2007년에 전체 고령자 수의 77%였던 것이 2013년에는 93%로 늘었다(통계청 사회조사 2008~2014). 이 자료는 고령자가 필요로 하는 돌봄을 가족이 충분히 제공하지 못하며, 이분들의 사회복지돌봄에 대한 정보와 지식이 늘었고, 고령자의 사회적 돌봄에 대한 잠재적 수요가 증대했음을 시사한다. 이 수요는 고령자의 연령, 성별, 교육 정도, 거주 지역에 상관없이 높다.

고령자는 건강, 수입, 고용, 수서, 여가, 인긴, 지시, 교육, 사회참여, 죽음 대처 등에 대한 욕구를 가진다. 생활이 어려운 고령자의 이러한 욕구를 충족하는 과업을 위에 제시한 사회적 돌봄 조직(시설)과 공익단체가 수행한다. 다양한 유형의 사회적 돌봄이 이런 시설 및 단체를 세팅으로 전국의 시, 군, 구(市 郡 區)에서 제공되고 있다.

사회보장제도가 발전도상에 있는 현재로서는 이런 사회적 돌봄을 일정한 수혜자격을 갖추고 최저 생활을 하는 고령자에게 우선으로 제공하고 있다.

이런 제한점에도 불구하고 사회적 돌봄의 필요성은 증대하고 있다. 사람들의 수명이 연장되고, 가족원 수가 감소하고, 직장을 가진 자녀가 늘어나고, 부모를 떠나 생활하는 성인 자녀가 많아짐에 따라 의존적 노부모를 돌보는 가족적 돌봄이 줄어들고 있다. 게다가 독거 노인과 부양을 받지 못하는 고령자가 많아지고 있다. 이분들을 위한 사회적 돌봄이 개발, 확장되어 나가야 한다.

바꾸어 말하면 약화하는 가족적 돌봄 기능을 보완하기 위해 사회적 돌봄의 필요성이 커지고 있다. 따라서 사회적 돌봄의 개발과 확장이 긴요하다. 퇴계가 역설한 공(公)을 위한 돌봄의 필요성이 늘어나고 있다

4. 사회적 돌봄: 사례

세 가지 사례가 실행하는 사회적 돌봄을 살펴보고자 한다.

- [사례 1] 경로당
- [사례 2] 노인요양원
- [사례 3] 노인복지관

전국 각 지역에 산재하는 노인요양원과 노인복지관은 고령자를 위한 사회복지의 주축을 이루는 사회적 돌봄의 대표적인 실행자이다. 경로당은 마을·동리의 고령자가 서로 돌보는 사회관계를 이루면서 여생을 즐기는 안식처 노릇을 하는 여가시설로서 이 역시 사회적 돌봄을 행하는 이웃복지시설이다. 이 3가지 돌봄시설을 가장 많은 노부모·고령자가 자주 이용하고 있다.

모두가 새 시대 가족적 돌봄을 보완, 지지하는 사회적 돌봄을 제공하는 시설이다.

다음에 이 3시설이 실행하는 사회적 돌봄을 인간중시적 시각으로 살펴보고자 한다.

[사례 1] 경로당

경로효친의 문화적 전통을 이어가는 한국 사회에서는 옛날부터 고령자가 쉬어갈 수 있도록 곳곳에 노인정(老人亭)을 설치해 놓았었다. 이 노인정은 오늘의 경로당(敬老堂)에 해당한다.

노인복지법(제36조)에 따라 설립된 노인여가복지시설로서 지역고령자가 자율적으로 친목 도모·취미 활동·공동작업·정보교환·여가활동을 할 수 있는 장소이다. 전국에 6만 7000여 개가 산재해 있다(2023년 현재). 휴식, 오락, 면담, 회식, 운동, 학습, 작업, 봉사 등을 하며 서로 돌보는 사회관계를 이루면서 고독과 소외를 해소하여 생을 즐기는 소규모 이웃복지시설이다(박충선, 박은희 외, 2008).

집 가까운 이웃에서 이루어지는 사회적 돌봄 세팅이다. 다른 나라에서 볼 수 없는 한국 특유의 경로 문화를 상징하는 시설이다. 지방자치단체(시, 군, 구)의 재정지원, 지역 내 자원봉사자의 도움 및 대한노인회의 자문을 받는다.

경로당을 활용하는 대다수 고령자는 70세~80세의 여성이다.

경로당 운영방식을 지도하는 대한노인회는 경로당을 활용하는 남성고령자 수가 예상만큼 늘지 않는다고 한다.

다수 경로당에서 연령층에 따른 문제가 일어나고 있다. 예로 70~80 연령에 해당하지 않는 고령자, 특히 남성고령자는 받아들이지 않거나 배척, 천대한다. 그리고 해당 지역사회의 청소년 등 젊은 세대와 연계, 교류하고, 자원봉사를 하는 데 힘쓰지 않아 사회적 활동 및 기여를 바람직하게 못 하고 있다.

이런 문제를 해소하기 위해 다음 사항을 참작할 필요가 있다고 본다.

고령자의 욕구와 필요가 달라졌고, 이분들의 학력과 건강 수준이 높아졌고, 생활 수준도 높아졌고, 남성고령자와 여성고령자의 취미와 욕구가 다르고, 여성고령자 수가 훨씬 더 많기 때문으로 보고 있다. 전에 있었던 동네 사랑방 이상의 발전되고 향상된 역할을 요구받고 있다(대한노인회, 2016). 새 시대 고령자의 사회적 돌봄에 대한 욕구가 달라지고 있다.

따라서 위와 같은 욕구의 변화를 고려하여 경로당 운영을 고령자를 위해 보다 더 인간중시적으로 개선, 보완할 필요가 있다(이창숙, 하정화, 2019; 유성호, 2009).

안식처, 휴게소, 교제 장소로 활용되는 이 이웃 돌봄시설이 가족과 같은 기능을 하도록 엔지니어링 해야 할 것이다.

개선, 보완할 과업에 관하여 제8장에서 거론한다

[사례 2] 노인요양원

노인요양원은 요양시설로서 노인복지법(제34조)과 노인장기요양보험법에 따라 치매·중풍 등 노인성 질환으로 심신에 상당한 장애가 발생하여 도움이 필요한 고령자를 입소시켜 일상생활에 필요한 돌봄과 편의를 제공함을 목적으로 준의료보건적 기법을 적용하는 사회적 돌봄시설이다.

이러한 목적에 따라 자립하기 어려운 병약한 고령자에게 무료 또는 저렴한 요금으로 급식, 간병, 물리치료, 신체 활동, 주거 활동, 24시간 보호 등 일상생활에 필요한 의료보호와 사회복지돌봄을 제공한다. 사회보장제도의 공적 부조와 생활 보호를 받는 기초생활수급자, 장애인, 독거노인이 주된 돌봄대상자이다.

대다수 요양원은 관리자(사업주) 아래 3~4명의 계약직 요양보호사, 1~2명의 간호보조사, 1명의 사회복지사 등이 종사하는 소규모 조직(시설)이다(최재성, 2017: 정승은, 이순희, 2009: 편상훈, 이춘실, 2008: 261-287). 준의료시설, 통신정보처리장비, 온냉방시설, 안전장치, 운동기구, 교통수단 등을 갖추고 운영된다.

주된 인력은 요양·보호 기술을 사용하는 '요양보호사'로서 다양한 돌봄을 제공한다. '사회복지사'는 주로 행사, 지역협동, 교육 등 외부활동을 하며, 돌봄 프로그램 운영, 정보시스템관리, 일당 업무

평가, 근무일지 작성 등 내부 작업을 한다. '간호조무사'는 만성질환으로 장기적 요양이 필요한 노입원자들을 위한 건강진단, 투약관리, 식사 수발, 병원의뢰, 상담·교육, 욕창 간호, 신체수발, 통증 관리 등을 한다(이경자 외. 2004: 정승은, 이순희 2009).

모두가 취업시험을 치르고 채용되어 돌봄 기법과 조직 생활에 대한 훈련을 받은 후 직업 경험을 쌓고 있는 전문인 내지 준전문인이다.

문서화된 규칙에 따라 위계적 구조하에서 노입원자와의 정실 관계에 구애되지 않고, 제한된 인력으로 효율적(경제적) 돌봄을 제공하며 수행실적(생산성)에 따라 보상을 받는다. 대다수는 고강도의 업무를 실행하며 이직률이 높다(성기월, 2005: 김성희, 남희은, 박소진, 2012).

하지만 가족이 제공할 수 없는 전문인력과 기술, 장비 및 시설을 갖춘, 필요성이 매우 높은 사회적 돌봄조직이다.

최소한의 돌봄 인력을 투입하여 최대수의 노입원자를 돌봄으로써 경제적 실적(효율성)을 올리는 방향으로 운영되고 있다.

과도한 업무량

인력의 주축을 이루는 요양보호사가 제공하는 돌봄의 유형은 매우 다양하여 기저귀 갈기, 침구 정리, 식사 돌봄, 방안일, 배설관리, 화장실 돌봄, 목욕, 오물청소, 빨래, 이·미용 서비스, 환자 돌보기, 사회적응서비스, 나들이, 기록작성 등을 포함한다. 업무량에 비해 돌봄 인력이 부족하며 업무량이 과도하고 이직률이 높다.

다수를 위한 돌봄의 균일화

다수 노입원자의 일상생활의 여러 면에서 돌봄의 균일화 현상이 나타난다(이경희, 2016). 노입원자들 모두가 아침 6시~7시에 기상하고, 저녁 10시~11시에 취침하는 동안의 일과(교육, 운동, 여가 풀이 등)는 시간상으로 미리 짜여 있고, 그동안에 제공되는 돌봄과 고령자의 활동도 거의 개별화되지 않는다. 취사 및 급식서비스는 현대적 주방시설과 식사 장소를 갖추어 전문요양사가 주관한다. 메뉴와 급식방법이 문서화된 규정에 따라 작성된다.

개인적 욕구충족의 부실

준의료시설과 보호 수용시설을 갖추어 기술적 케어를 하고 있다. 하지만 노입원자의 개인적 요구를 충족하는 데 역부족이다. 돌봄이 균일화됨으로써 노입원자 개인의 선택권과 자율성을 보장하기 어렵다. 게다가 고령의 입원자는 변화, 회복하여 발전될 수 있는 주체로 보지 않는 경우가 흔하다.

이러한 상황은 돌봄전달에서 발생하는 바람직하지 못한 '부당한 돌봄'이라고 볼 수 있다. 인간화된 가족적 돌봄과 달리 법과 규정에 따라 타율적으로 행해지는 사회적 돌봄의 제한점이다.

인간화된 돌봄의 부실

요약해서 요양원이 능숙하게 하는 것은 예측 가능하며 문서화된 순서에 따른 문제를 해소하는 기술적 돌봄을 다수 고령자에게 균일하게 제공하는 것이고, 바람직하게 하지 못하는 것은 면대면으로 개별적 접촉을 하며 자율적으로 인간화된 '돌봄'을 제공하는 것이다 (김민경, 김미혜, 김주현, 정순돌, 2016).

요양원은 노입원자를 위한 돌봄의 균일화를 줄여 개별화해 나가야 한다. 아울러 노입원자가 가족과 친근한 사람들과의 인간적인 사회관계를 지속하도록 도와야 한다. 가슴속에 담겨 있는 슬픔과 아픔을 개인별로 풀어주는 돌봄이 필요하다.

특히 인간중시적 가치적 측면에 많은 에너지를 투입해야 하겠다. 즉, 존중, 애정 등 가치를 발현하며 노고객 개개인과 면대면으로 도덕적인 상호관계를 이룩하며 존엄성을 받드는 인간화된 돌봄을 실행하는 데 보다 더 많은 노력을 해야 하겠다.

요양원의 돌봄을 개선, 보완하는 과업에 대해서 제8장에서 논의한다.

[사례 3] 노인복지관

노인복지관은 고령자를 위한 종합적인 사회적 돌봄시설로서 노인복지법(제36조)에 따라 사회보장제도의 공적 부조와 생활 보호를 받는 고령자를 포함한 일반 고령자의 교양 · 취미 생활 및 사회참여를 위한 사회교육, 상담, 주간 보호, 건강증진, 여가활동 등 돌봄을 제공하여 고령자의 삶의 질을 높이고 복지를 증진하는 다목적 여가 복지시설이다(원영희, 모선희, 1998: 유영림, 김명성, 배영미, 2018; 허준수, 2018). 돌봄 대상자는 위와 같은 자격을 갖춘 해당 지역 내 건강한 고령자이다.

위생시설, 통신정보처리장비, 온냉방시설, 안전장치, 운동시설, 교통수단 등을 갖추고 있다.

관장의 관리 업무를 조원하는 운영위원회가 있다. 관장의 업무는 행정, 시설관리, 자원개발, 복지사업(회원관리, 복리후생, 급식 등), 문화활동, 교양 교육, 동아리, 안전관리, 자원봉사자 관리를 하고, 때에 따라 모금 활동도 한다.

돌봄 업무를 위한 주된 인력은 사회복지사이다. 사회복지사는 상담, 급식, 사회교육(주 1회 열리는 미술, 음악, 교양, 건강, 운동 등에 관한 강의 또는 실습), 여가 풀이, 자원봉사, 모금 활동 등 업무에 배정되어 장소준비, 인원점검, 강사보조, 업무평가, 정보시스템관리, 근무일지 작성 등을 한다. 이런 내부 활동과 겹쳐 가족 방문, 자원봉사자개발, 지역협동, 교육 참가 등 외부활동을 한다. 제한된 인력을 가지고 경제적 효율성을 올리기 위해 무리한 운영을 하는 경향이 엿보인다.

돌봄의 특성

복지관은 다양한 교육프로그램을 운용한다. 미술, 음악, 영화, 비디오, IT, 교양, 운동, 레크리에이션, 자원봉사 등에 관한 강의, 실습, 실연을 한다. 일부 복지관의 경우 이런 교육프로그램에 참여하는 회원들은 회비를 내고 필요한 도구, 장비, 악기 등을 자급한다. 이들의 대다수는 교육을 받고, 외모를 갖추고, 용돈을 가진 고령자들이다.

노회원은 일주일에 2~3번씩 내관 하여 한두 가지 프로그램에 참여하고서는 귀가하거나, 도서실에 가거나, 낭하에서 점심시간을 기다린다.

일부 복지관은 인력 부족과 전문성 부족으로 노고객과의 대면적 상호관계에서 개별화된 상담, 치유, 지도 등 전문기술적 돌봄을 제공하기가 어려우며 돌봄을 가능한 한 균일화한다. 사회복지사는 사무적이고 테크니컬한 일에 몰두하여 본연의 전문적 사회복지 실천과는 거리가 있는 돌봄 활동을 하는 경향이다. 인력 부족에 따른 과도한 업무량으로 정서적 탈진이 생기는 경우가 있다. 이로 인해 돌봄의 특성화와 전문화 그리고 인간화가 어렵게 된다. 사회복지사에 대한 처우 개선이 우선으로 다루어져야 한다. 그럼으로써 복지관의 다목적 돌봄을 인간화할 수 있다고 본다.

복지관도 요양원의 경우와 같이 퇴계가 교시한 공(公)을 실행하는 데 지켜야 할 가치적 측면에 에너지를 투입해야 하겠다. 즉, 노고객 개개인에 대해서 존중, 애정 등 이타적 가치를 발현하여 존엄성을 받드는 데 보다 더 주력해야 하겠다.

복지관도 역시 안식처, 휴게소, 교제 장소로 활용되는 지역사회 돌봄시설로서 가족과 같은 기능을 하도록 엔지니어링 해야 할 것이다.

이러한 노력을 하는 데 관하여 제8장에서 논의한다.

이상 3개 사례에서 비교적 공통된 속성으로서 다음을 들 수 있다. 즉, 전문기술적 돌봄, 다수 고객을 위한 균일화된 돌봄, 한정된 인력으로 다수 고객을 돌봄으로써 효율성 달성, 그리고, 문서화된 법규와 규정에 따른 돌봄을 행하는 것이다.

이러한 특성 외에 공통으로 드러난 사실은, 각 사례에 따라 정도의 차이는 있으나, 가족적 돌봄과 같은 인간화된 돌봄을 제공하는 데 어려움을 겪고 있다.

5. 사회적 돌봄의 윤리적 실행

한국, 중국, 일본을 포함한 유교문화권 나라의 윤리는 가족적 관점에서 그리고 인간 대 인간의 관계에서 근거를 찾는다(윤성범, 1975; 손인수 외, 1977; 김낙진, 2004: 62-63).

이런 인간적 관계란 퇴계가 교시한 존중, 애정 등 가치로써 인(仁)을 발현하며 이룩하는 관계라고 본다.

사회적 돌봄을 실행하는 데 사회복지사 등 돌봄제공자가 지켜야 할 윤리도 이러한 가치를 바탕으로 정립되어야 할 것이다.

이 윤리는 제공자가 접촉, 개입하는 개인, 집단 및 지역사회와 도덕적으로 상호관계를 유지하는 데 있어 반드시 지켜야 하는 아래와 같은 원칙을 말한다.

지켜야 하는 윤리적 원칙

전문직 또는 준전문직에 속하는 사회복지사 등 제공자가 지켜야 하는 다음과 같은 윤리적 원칙이다.

- 첫째, 돌봄 대상자(고객)를 존중하는 규칙이다. 즉 고객의 존엄성을 받드는 것이다.

제공자는 다양한 배경을 가진 노고객에게 돌봄을 제공한다. 연령,

성별, 사회적 계층에 상관없이 겸손하게 존중하며 위신을 세워주고 관심을 두어야 한다.

모습이 추하고, 몸에서 악취가 나고, 옷에 오줌을 적시고 있는 노고객에게도 화려하게 화장, 비싼 장식을 하고, 고급 양복을 입은 고객을 대하듯 공평하게 대해야 한다. 결코, 개인적 느낌이나 감정에 따라 대해서는 안 된다.

– 둘째, 고객의 자기결정권을 존중해야 한다.

어떤 고객은 자기 결정을 하기 어려운 경우가 있겠지만, 돌봄의 주목적은 어디까지나 고객 스스로 자기가 원하는 방향으로 결정을 하도록 가르치며 인도해 나가는 것이다. 정신질환자와 현실감각을 상실한 고령자의 자기결정권을 제한할 필요가 있으면, 법과 사회복지전문직의 책임 범위 내에서 최소한의 제한을 하고, 곧 그 스스로 자기 결정을 하도록 도와야 한다.

– 셋째, 고객과의 대화 내용을 비밀에 부치는 과제이다.

고객의 생활환경, 가슴속 감정, 가족과 친구에 대한 정보, 건강, 재정, 종교, 성생활 등에 관한 정보를 비밀에 부쳐야 한다. 이런 정보는 고령자의 동의와 기관정책에 의하지 않고서는 다른 사회복지사나 시설 또는 일반 사람이나 단체에 넘겨줄 수 없다. 오늘날 통신기술이 발전하여 사람들에 관한 정보에 쉽게 접근할 수 있게 됨으로써 개인의 사적 비밀과 비밀보장 문제는 매우 심각한 사회복지전문직의 과제로 등장하였다. 어떻든 사족 비밀보장은 민주사회에서 개인

인권을 존중하는 의무이며 제공자가 지켜야 하는 기본적 가치이다.

이 윤리의 핵심적 준칙은 위에 언급한 고객의 존엄성, 결정권 및 사적 비밀을 존중하는 인간중시적 가치를 기틀로 이룩된 것이다(한국사회복지사협회 윤리강령, 2023).

이러한 준칙의 가치적 기틀은 곧 고령자에 대한 존중, 애정, 측은지심, 서 및 공으로 이루어진다고 믿는다.

퇴계가 역설한 이 인간중시적 가치가 제공자의 생각과 행동을 인도해 주는 지렛대 역할을 하게 됨이 마땅하다.

사회적 돌봄의 특성

위와 같은 사례에서 예시된 돌봄 활동을 간추려 보면 대체로 다음과 같은 공통된 특성이 드러난다.

- 기술 중심적 돌봄 (돌봄 전문인, 돌봄 기법, 시설, 장비를 갖추어 제공)
- 다수를 위한 균일화된 돌봄 (뭇사람에 대한 균일한 돌봄 제공)
- 규정에 따른 타율적 돌봄 (문서화된 법규와 규정에 따라 제공)
- 효율적 돌봄 (소수 요원이 최대 돌봄 실적을 지향함)

이러한 특성은 사회적 돌봄의 장점이 될 수 있고 세한점이 될 수도 있다. 이런 장점 및 단점과 연관해서 후속 장에서 논의하고자 한다.

가족의 정체성 존중

사회적 돌봄을 제공하는 데 있어 가족의 권리와 책임을 손상치 않고, 가족의 사생활과 자체결정을 존중하면서 겸손하게 접근해야 한다. 개입의 목적은 가족이 자체돌봄을 위한 기능을 수행토록 지지, 보완하는 데 있다. 이러한 맥락에서 가족에 대해 불필요한 간섭을 하거나 가족의 고유한 돌봄 기능을 배척, 손상하는 접근을 해서는 아니 된다.

아울러 노고객의 가족관계와 사회관계를 바람직하게 증진하도록 인도해야 한다. 한국인의 가족 중시 및 인간관계 중시 성향을 존중해야 한다.

◇ 제7장 ◇

가족적 돌봄과
사회적 돌봄의
개선 및 보완

제5장 가족적 돌봄 실행에서 논한 6가지 돌봄(자녀의 부모돌봄 3가지 및 부모의 자녀돌봄 3가지)과 제6장 사회적 돌봄 실행에서 논한 3가지 사례를 각각 개선, 보완할 과업을 다음과 같이 선별하였다.

1. 가족적 돌봄의 개선, 보완

1) 자녀의 부모돌봄

성인의 부모돌봄

설문조사에서 성인자녀가 노부모를 정서적 및 수단적으로 인간화된 돌봄을 제공하는 과정에서 여러 가지 어려움을 겪었음이 밝혀졌다. 이 어려움을 해소하는데 특히 다음과 같은 돌봄이 필요했음이 드러났다.

- 신체장애, 정신질환 등 병력을 가진 노부모를 돌보는 데 필요한 의료지원, 요양 보호 및 가사 돌봄

- 치매 등 병환으로 장기적 돌봄을 요하는 노부모를 단기간 요양
  원/보호시설에 입원토록 하여 돌보미에게 일정 기간 휴식 제공
- 친척, 친구, 요양보호사, 자원봉사자가 돌봄을 단기간 대행토록
  해서 돌보는 가족원의 과로 및 스트레스 해소
- 저소득 가족에 대한 가사 돌봄, 요양 보호, 현금지원, 세금감면,
  일자리제공 등 실행
- 돌봄에 관한 교육, 훈련, 상담

이러한 돌봄은 거의 사회적 돌봄에 해당한다. 즉, 전문적 기술 중
심적인 돌봄이다.

청년의 부모존중

청년 자녀가 다양한 방식으로 부모를 존중하였는데 이 방식에는
인간중시적 가치가 스며들어 있다고 본다. 하지만, 돌봄을 실행한
청년-학업에 종사하는 대학·대학원생-에게 다음과 같은 돌봄을
제공해야 했으나 그러지 못했다.

- 부모돌봄에 관한 교육, 실행, 체험
- 노부모 돌봄에 관한 상담
- 격려, 칭찬 및 포상
- 집안 형편이 어려운 학생에 대한 재정적 지원
- 거주 지역 내 사회복지시설의 지원 알선
- 휴가 기간 내 공익봉사 활동 면제

이러한 돌봄은 거의 사회적인 돌봄에 해당한다.

소년의 부모에 대한 감사

부모님에게 '고맙습니다'의 표현을 가슴에서 우러나오는 애정과 존중으로 했을 것으로 짐작한다.

감사함이 긍정적 효과를 발생토록 하는 데는 가족 내 부모의 지도와 학교에서의 사회화를 위한 가르침이 필요하다. 아울러 가족-학교-사회가 교육적 영향을 조정하는 인성교육도 필요하다. 즉, 가정, 학교, 사회 3자가 협동적 노력을 하도록 이끌어야 한다.

이런 노력을 하는 데 필요했던 전문 교육기법이 적용되지 못했다.

위의 3가지 부모돌봄은 모두가 한국인이 간직한 문화적 관행을 표명하며 시대가 바뀌어도 이어져야 하는 고령자 돌봄이라고 본다.

하지만 이런 돌봄을 지속적으로 실행하는 데 필요했던 위에 제시한 전문기술적 사회적 돌봄을 다수 자녀는 받지 못했다.

2) 부모의 자녀돌봄

다음에 자녀돌봄을 개선, 보완하는 데 관해서 약술하고자 한다.

출산 및 영아기 양육

아기를 출산하기 전과 후에 산모, 어머니가 극치의 모성애를 발현하여 애정, 존중, 측은지심, 서, 정으로써 영아에게 이 세상에서 가장 인간화된 돌봄을 제공한 가족적 돌봄이다.

하지만, 산모가 다음과 같은 돌봄-대부분 전문기술적인 사회적 돌봄-을 받는 데 어려움이 있었다.

- 산전 및 산후 의료적 돌봄
- 간호사와 돌보미가 산모를 단기간 돌보아 그가 필요한 의료적 및 일상적 돌봄을 받으며 고통과 스트레스에서 풀려나 안정되도록 돌봄
- 영양보호사가 산모의 건강을 회복하는 데 마땅한 음식을 섭취하도록 도움
- 신생 유아 양육에 필요한 지식과 방법을 산모와 돌보미에게 알려 줌
- 저소득 가정의 산모와 어린이가 해당 동사무소의 사회복지사를 통해서 기초생활보호를 함

아동기의 도덕성 함양

자녀의 삶을 존중하며 깊은 애정을 발현하여 부모 자신이 소원하는 사회적으로 바람직한 방향으로 성장토록 서(恕)를 발현했다.

아동의 성장을 도우면서 도덕성 발달에 기여토록 하는 데 부모를 위한 전문적 지도, 상담 및 교육이 필요했다. 가족의 자체돌봄과 함께 이러한 가족 외부의 전문적 돌봄이 제공되어야 했다.

다수 조사대상자는 이러한 사회적 돌봄을 받지 못했다.

성장 과정의 지원

성장하는 자녀를 위한 지원은 가족주의적 성향과 부모자녀 간 친한 관계에서 우러나오는 문화적 관행이라고 본다. 출생에서 대학 졸업까지 주로 물질적인 돈으로 돌보는 실례를 들어 보았다. 이런 물질적인 돌봄도 부모의 자녀에 대한 애정, 존중 등 가치를 발현함으로써 이루어질 수 있다.

대학 졸업까지 재정적으로 지원하는 데 부모가 지는 정서적 및 재정적 부담 및 희생은 크다. 특히 소득이 적은 계층의 경우가 그러하다. 가족주의 가치가 우세하고 부모자녀가 상호의존하는 한국문화에서 다수 노부모가 수렴하는 어려움이다.

부유한 국가에서도 성인자녀의 고등교육 지원을 두고 찬반 공론이 이어지고 있다. 재정적으로 어려운 대학생에게 학자금을 대여하고 졸업 후 반납하도록 하며, 특정한 사회봉사 · 공익활동을 하는 학생에게 장학금을 지급한다. 우리도 이러한 사회적 도움을 개발, 확장해 나가야 하겠다.

이상 3가지 부모의 자녀를 위한 돌봄-가족적 돌봄-에 걸쳐 개선, 보완할 과업을 간추려 보았다. 이 과업의 대부분이 전문적 돌봄 기법을 적용하는 사회적 돌봄에 해당한다.

3) 가족적 돌봄의 특성

가족은 사회적 변화에 부딪히고 있다. 하지만, 위의 자료가 시사하듯 상당수 가족은 여러 가지 어려움을 극복하며 가능한 한 자체적으로 인간화된 돌봄을 제공해 나가고 있다.

노부모와 동거하거나 별거하는 자녀는 다 같이 대안을 찾아가며 노부모를 돌본다.

이러한 가족적 돌봄은 친밀한 유대관계를 이루는 '우리'의 가족 공동체에서 가족 중심적 및 인간 관계적 맥락에서 이루어지고 있다. 한국인 특유의 문화적 속성을 반영하는 돌봄이다.

이와 같은 가족적 돌봄에는 퇴계가 교시한 인간중시적 가치가 스며들어 있다고 믿는다. 가족적 돌봄의 중요성을 다음과 같이 간추려 볼 수 있다.

- 인간화된 돌봄 (존중, 애정, 측은지심, 서, 공으로 돌봄)
- 자율적 돌봄 (자진해서 자주적으로 돌봄)
- 개별적 돌봄 (면대면 개별적으로 돌봄)
- 우발적 문제에 대한 돌봄 (일상생활에서 예측할 수 없이 발생하는 잡다한 문제를 풀어 드림)

가족적 돌봄은 이러한 돌봄을 실행하는 데 사회적 돌봄보다 앞선다. 우리 문화에서는 이런 고령자 돌봄이 다른 문화에 비하여 드러난다. 인간중시적인 문화적 맥락에서 이루어지는 도덕적이고 윤리적인 관습이다.

제한점

하지만, 가족적 돌봄은 제한점을 가진다. 위에 제시한 바와 같이 노부모ㆍ고령자가 필요로 하는 사회 심리적 및 보건의료적 돌봄을 위한 전문적 인력, 기술, 장비 및 시설을 갖추어 돌보지 못하는 것이다.

4) 가족적 돌봄을 저해하는 요인

이러한 가족적 돌봄을 어렵게 하는 다음과 같은 요인이 작용하는 것이 오늘의 현실이다.

- 노부모의 신체적 및 정신적 상태가 심각하여 가족의 힘만으로는 돌봄을 계속하기 어려움
- 매우 힘든 장기적 돌봄으로 가족원의 소진이 발생함
- 돌봄을 에워싸고 가족원 간에 갈등과 대립이 있음
- 부모를 부양할 의지와 능력이 없거나 약함

이러한 요인을 해소하기 위해 가족 바깥의 사회적 돌봄을 활용할 필요가 있다.

2. 사회적 돌봄의 개선, 보완

사회적 돌봄은 다양한 돌봄 세팅에서 다양한 돌봄을 다수 고령자

에게 여러 전문직 및 준전문직 제공자가 제공하고 있다.

이렇게 사회적 돌봄을 제공하는 데 드러난 공통적 문제는 인간화된 돌봄을 제공하는 데 어려움이 있다는 사실이다.

이 어려움을 해소하기 위해 아래와 같이 돌봄을 개선, 보완할 필요가 있다.

1) 경로당의 경우

연령층에 따른 문제가 일어나고 있다. 예로 70~80 연령에 해당하지 않는 고령자와 특히 남성고령자는 받아들이지 않거나 배척, 천대한다. 존중과 애정으로 상호부조 하는 호혜적 분위기를 갖추지 못하고 있다. 게다가 지역사회의 젊은 세대와 연계, 교류하며 자원봉사하는 데 힘쓰지 않아 사회적 활동 및 기여를 못 하고 있다.

이런 문제를 해소하기 위해 다음 사항이 개선, 시정되어야 한다고 본다.

- 고령자가 관심을 두는 다양한 활동을 선정하여 이를 정기적으로 운영하되 지역 특성과 연령층 욕구에 맞도록 특화할 것
- 여가활동의 방식과 내용을 향상, 현대화할 것
- 경로당 문턱을 낮추어 여러 연령층에 개방할 것
- 연령차를 두고 차별, 배척, 외면하는 문제가 발생하지 않도록 할 것
- 인간화된 가족적인 돌봄을 주고받는 사회관계를 이루도록 수

시로 교양 특화 강의를 할 것

- 지방정부는 보다 더 인간중시적 가치를 발현하여 경로당을 중단 없이 지원해 나갈 것
- 회원들이 서로 존중하고 사랑하며 화합, 협동하여 가족적인 돌봄 관계를 이루도록 인도하는 지도자, 특히 존중 · 애정 등 가치를 실현하는 리더를 선정할 것

2) 노인요양원의 경우

가족이 제공할 수 없는 전문적 돌봄 인력, 기술, 장비 및 시설을 갖추어 사회적 돌봄을 제공하는 시설이다.

다음과 같은 과업을 수행할 필요성이 드러났다.

- 돌봄의 균일화 해소

노입원자의 일상생활의 여러 면에서 돌봄의 균일화 또는 획일화 현상이 나타난다. 돌봄이 균일화됨으로써 노입원자 개인의 선택권과 자율성을 보장하기가 어렵다. 게다가 고령의 입원자를 변화와 회복이 될 수 있는 주체로 보지 않는 경우가 흔하다.

법과 규정에 따라 효율적으로 운영되는 사회적 돌봄의 제한점이다.

이러한 제한점을 해소하기 위해서 면대면으로 개별적 접촉을 하며 마음에서 우러나오는 정으로써 인간화된 돌봄을 제공해 나가야 한다. 아울러 노입원자가 가족과 친근한 사람들과의 인간적 관계를

지속하도록 도와야 한다. 노고객의 한국적인 가족 중심적이고 인간관계 중심적인 성향을 존중해야 한다.

　- 인간중시적 가치 고양

　노입원자뿐만 아니라 돌봄제공자에게도 이러한 가치를 발현해야 한다. 즉, 제공자를 증원하고, 보상 및 대우를 증진, 개선하여 이들이 솔선해서 돌봄을 제공토록 이끌어야 한다. 인간중시적인 가치적 측면에 많은 에너지를 투입해야 하겠다. 즉, 퇴계가 교시한 존중, 애정 등 가치를 발현하며 가족적인 인간화된 돌봄을 제공토록 노력해야 한다.

3) 노인복지관의 경우

　개별화된 상담, 치유, 지도 등 전문적 돌봄을 제공하기가 어려우며 돌봄을 가능한 한 균일화하고 있다. 주된 돌봄 인력인 사회복지사는 부족한 인력으로 전문적 사회복지 실천과는 거리가 있는 돌봄 활동을 하는 경향이다. 과도한 업무량으로 정서적 탈진이 생기는 경우가 있다. 이로 인해 돌봄의 특성화와 전문화가 어렵게 된다. 인력 증원과 처우 개선이 우선으로 이루어져야 한다.

　사회복지사 등 제공자는 돌봄 대상인 개인, 집단 및 지역사회와 상호관계를 유지하는 데 다음과 같은 윤리적 원칙을 지켜야 한다.

　- 돌봄 대상자(고객)를 존중하는 규칙이다. 즉 고객의 존엄성을

받드는 것이다.

- 고객의 자기결정권을 존중해야 한다. 어떤 고객은 자기 결정을 하기 어려운 경우가 있겠지만, 돌봄의 주목적은 어디까지나 고객 스스로 자기가 원하는 방향으로 결정을 하도록 가르치며 인도해 나가는 것이다.

- 고객과의 대화 내용을 비밀에 부치는 과제이다.

사회복지전문직이 보편적으로 중요시하는 위와 같은 일련의 윤리적 가치에 바탕을 두고 돌봄이 실행되어야 한다.

인간중시적 가치가 이러한 돌봄을 실행토록 이끄는 지렛대 역할을 하게 됨이 마땅하다. 복지관도 이러한 인간화된 돌봄을 실행하는 데 에너지를 투입해야 하겠다.

◇ 제8장 ◇

가족적 및
사회적 돌봄의
상호 보완 및 연계

1. 상호 보완 및 연계의 필요

앞장에서 제시한 가족적 및 사회적 돌봄을 개선, 보완하는 과업에서 두 가지 돌봄을 상호 연계, 종합할 필요성이 여실히 입증되었다.

이러한 필요성이 가족적 돌봄의 사례와 사회적 돌봄의 사례에서 다 같이 드러난 것이다.

가족적 돌봄을 개선, 보완하기 위해서 사회적 돌봄이 필요하고, 사회적 돌봄을 개선, 보완하기 위해서는 가족적 돌봄이 필요한 것이다.

즉, 가족적 돌봄은 가족 바깥 전문기술적 사회적 돌봄이 필요하고, 사회적 돌봄은 가족적인 인간화된 돌봄이 필요하다는 사실이 밝혀진 것이다

이러한 상호 연계된 맥락에서 가족적 돌봄은 사회적 돌봄을 보완할 수 있고, 사회적 돌봄은 가족적 돌봄을 보완할 수 있다.

따라서 두 기지 돌봄을 연계하는 과업이 긴요하다. 연계하는 데 있어 아래와 같은 돌봄의 속성을 비교, 조정해서 노부모 · 고령자의 욕구와 필요에 알맞게 적용토록 도와야 한다.

- 가족이 사적으로 하는 돌봄 대 사회가 공적으로 하는 돌봄
- 인간중시적 돌봄 대 기술 중심적 돌봄
- 소수를 위한 개별적 돌봄 대 다수를 위한 균일화된 돌봄
- 마음에서 우러나오는 정으로 하는 돌봄 대 정해진 법과 규정에 따라 하는 돌봄
- 자율적으로 하는 돌봄 대 타율적으로 하는 돌봄
- 가족 세팅에서 하는 돌봄 대 사회시설 세팅에서 하는 돌봄
- 우발적 문제에 대한 돌봄 대 일상적 문제에 대한 돌봄
- 고령자의 욕구와 필요에 맞게 하는 돌봄 대 돌봄 제공자의 욕구와 필요에 따라 하는 돌봄
- 소수를 위한 개별적 돌봄 대 다수를 위한 효율적 돌봄

위와 같은 대조적 대안을 두고 노부모·고령자가 당면한 필요에 따라 돌봄을 선택할 수 있다고 본다. 양자의 장점과 제한점을 저울질하여 노부모·고령자가 처해 있는 현황에 따라 최선의 대안-인간화된 돌봄-을 찾는 것이다.

사회적 돌봄을 행하는 시설·단체가 제공하는 돌봄의 유형과 내용이 다양하므로 앞서 시설선택 방법으로 제시한 사항을 고려하면서 위와 같은 대안을 신중히 선택해야 할 것이다.

2. 사회복지사의 연계 역할

사회복지 실천 현장에서 사회복지사가 두 가지 돌봄을 연계하는 과업을 추진할 수 있다.

사회복지사는 국가 자격을 갖춘 전문인으로서 어려움에 부딪힌 고령자를 비롯하여 장애인, 아동 등 사회적 약자를 위한 상담, 치유, 재활, 구호 등 돌봄을 제공한다.

사회복지 현장에서 다양한 직종의 전문인(의사, 치과의사, 간호사, 물리치료사, 약제사, 방사선 치료사, 영양사, 요양보호사, 가족 상담사 등)과 협력하는 팀을 이루어 최적한 돌봄 활동을 위해 여러 직종을 조정하는 역할을 한다.

사회보장제도의 공적 부조와 사회수당을 받는 생활이 어렵거나 돌봄 능력이 없는 고령자는 빈곤, 질병 및 신체장애로 인한 사회적 및 경제적 문제를 흔히 갖는다. 사회복지사는 이러한 고령자의 개인적, 가족적 및 사회적 문제를 해소하여 바람직하게 생활하도록 잠재력을 길러 주는 사회적 돌봄을 제공한다. 눈에 잘 띄지 않는 사회 저변에서 빈곤, 차별, 소외, 고독, 학대, 재난, 약물 남용, 가족 문제, 문화적 차이 등의 어려움을 겪는 고령자를 위한 돌봄을 실행, 조정, 촉진한다.

전문적 돌봄 기법으로 사람의 마음속 심리적 작용으로 생기는 문제를 분석하여 치유, 해소하고, 사회 환경이 문제행동에 미치는 영향을 분석, 조정해서도 문제를 풀어주며, 심리적 작용과 사회 환경적 영향을 함께 조정해서 문제를 해소하기도 한다. 아울러 집단과 지역사회를 변화시킴으로써 보다 더 포괄적인 고령자복지를 이루는 접근을 한다.

이러한 과업을 수행하는 사회복지사는 모든 사회복지조직과 대부분의 공익단체에서 복무하고 있다.

이들은 특히 가족적 및 사회적 돌봄을 연계하는 역할을 한다. 즉, 가족 중심적 집단과 사회적 조직(시설) 간 소통과 교류를 촉진하고, 아울러 양측이 간직하는 돌봄에 관한 규칙과 절차를 서로 이해토록 하고, 돌봄에 관한 지식과 정보를 교환하도록 이끌며, 고령자의 욕구와 돌봄조직의 정책과 실천이 조율되도록 한다. 이렇게 함으로써 고령자를 위한 두 가지 돌봄이 공동목표를 바람직하게 수행하도록 이바지한다.

돌봄 능력이 약하거나 없는 가족이 으레 찾는 이가 사회복지사이다. 이들은 사회복지 최일선에서 면대면으로 고령자에게 인간화된 돌봄을 제공한다.

이러한 인간화된 접근을 하면 노고객은 그에게 따뜻하고, 애정어린 감정을 가지게 되며, 자연스럽게 긴장을 풀고, 부딪친 문제로인한 스트레스와 두려움을 해소하게 되고, 돌봄과정에서 사회복지사와 협조적 관계를 맺게 된다. 이런 관계를 이루는 것이 사회적 돌봄의 첫째 조건이다.

가족 상담의 창시자 C. Rogers(1961)는 고객 중심 접근을 하는 데 필요한 기법으로서 감정이입(empathy, 고객의 감정을 동감하고 나누어 가짐), 온정(warmth, 따뜻한 마음) 및 성실성(genuineness, 정성스럽고 참됨)을 들었다.

이러한 조건은 퇴계가 교시한바 인(仁)을 발현하는 가치-존중, 애정, 측은지심, 서, 공-와 상통한다고 볼 수 있다.

우리는 건강, 주택, 교통편, 일자리, 여가 돌봄, 고용, 세금감면 등 수단적 돌봄을 강조하는 경향인데, 정서적 돌봄에도 더 많은 관심을 기울여야 하겠다.

사회적 돌봄을 받는 노부모·고령자는 정서적 및 수단적 돌봄이 모두 필요하다. 따라서 이 두 가지 돌봄을 연계할 필요가 있다.

이런 필요조건과 연관된 승복(1999) 교수의 다음과 같은 설명을 참고할 수 있다.

> 예(禮, 대인관계에서 지켜야 할 규범)는 외면적으로만 지켜서 되는 것이 아니라 내면적으로 마음에서 우러나오게 행해야 한다. 이 두 가지가 조화, 균형이 잡히어 합일 상태를 이루어야 한국문화의 특성인 예절이 이루어지는 것이다.

이와 같은 한국 문화적 규범에 따라 정서적 및 수단적 돌봄을 예(禮)를 지키면서 제공함이 마땅하다.

연계를 위한 활동

앞서 제8장에서 고찰한 일련의 사례에서 예증된 바와 같이 가족적 돌봄은 다소간의 사회적 돌봄이 필요하고, 사회적 돌봄도 다소간의 가족적 돌봄이 필요하다. 이 사실은 두 가지 돌봄이 상호 연계되어야 할 필요성을 드러내고 있다.

이러한 연계를 사회 심리적 기법으로 촉진할 수 있는 전문인이 사회복지사이다. 사회복지사는 돌봄을 받아야 할 고령자와 접촉하여 이분의 어려운 사정과 요구 사항을 파악해서 사회적 돌봄을 제공하고, 사회적 돌봄 조직(시설)에 이 사항을 알리는 한편 고령자와 가족에게 사회적 돌봄을 신청, 활용하는 방법을 알려주고, 필요하면, 해당하는 시설에 의뢰를 해 준다.

이런 연계 활동을 통해서 사회적 돌봄조직의 장점인 전문기술 중심적 돌봄을 가족적 돌봄 집단이 적기에 편리하게 활용토록 하는 한편, 가족적 돌봄 집단의 장점인 인간화된 돌봄을 발전적으로 사회적 돌봄 집단이 실행하도록 권장, 지원할 수 있다. 즉 양측의 장점을 균형 있게 연계해서 실현하도록 이끄는 것이다.

사회복지사는 다음 사항을 참조하여 이런 연계 활동을 소지역사회 중심으로 실행한다.

- 대상 소지역사회의 문화와 가치를 이해한다.
- 고령자와 겸손하게 존중하는 관계를 맺는다.
- 고령자의 문제를 개인별로 파악한다.
- 고령자의 가족관계와 사회관계를 알아본다.
- 성인자녀와 가까운 이웃도 접촉하여 고령자의 욕구를 파악힌다.
- 저소득 고령자를 위한 개별적 또는 집단적 돌봄 활동을 한다.
- 고령자와 가족에게 지역 내 사회복지조직(시설)과 공익단체가 제공하는 돌봄에 관한 설명을 해 준다.

- 사회적 돌봄을 신청하는 절차와 접수처를 알려 준다.
- 가족이 보유하는 자원(자조 능력, 경제력, 가족/친척/이웃의 지원능력 등)을 파악한다.
- 고령자는 두 가지 돌봄-가족적 돌봄과 사회적 돌봄-모두 필요로 함을 가족과 돌보미에게 설명한다. 아울러 정서적 돌봄(존중함, 사랑함, 마음을 편히 함, 관심을 가짐, 걱정을 들어 줌, 고독감을 해소함 등)과 수단적 돌봄(용돈 드림, 식사 시중, 건강 도움, 병간호, 가사 도움, 여가활동 지원, 의료지원, 교통편 제공 등)을 함께 제공하는 것이 이분들의 삶의 질을 높이고, 복지를 증진하는 데 매우 주요함을 설명, 강조한다.
- 설명한 내용을 담은 인쇄물을 제공한다.
- 사회적 돌봄을 하는 조직(시설)에 대한 비판적인 의견도 귀담아 듣는다.

사회복지사는 위와 같은 사항을 참작하여 가족 돌봄 집단의 장점 및 제한점과 사회적 돌봄 집단의 장점 및 제한점을 대조하여 상호 조율, 시정, 보완하는 데 기여하고, 사회적 돌봄조직의 전문적 돌봄을 가족집단이 쉽게 적기에 활용토록 이끌며, 아울러 가족집단의 인간화된 돌봄을 사회적 돌봄 집단도 바람직하게 실행토록 지도, 권장함으로써 두 가지 돌봄의 기능을 연계하여 균형 있게 이룩되도록 이끌 수 있다.

이 모든 활동은 사회복지사가 지켜야 하는 인간중시적 윤리강령을 준수하며 수행되어야 한다(한국사회복지사협회 윤리강령, 2023 수정).

위와 같은 과업을 수행할 수 있는 사회복지사는 우리가 지향하는 복지사회의 기틀을 다져 국가사회의 복리와 안정을 이룩하는 시멘트(접착제) 역할을 할 수 있다.

◇ 제9장 ◇

새 시대의 방향

1. 인간화된 돌봄의 지속

노부모·고령자 돌봄은 인(仁)을 발현함으로써 할 수 있다. 인은 퇴계가 교시한 가치-애정, 존중, 측은지심, 서 및 공-로써 발현할 수 있다. 이 일련의 가치는 모두가 인간화된 고령자 돌봄을 가능하게 하는 우세한 힘이 될 수 있다.

이러한 가치는 홍익인간이념에서 발원한 한국인의 전통적 인간 중시적인 문화적 맥락에서 발현된다.

이 가치는 제공자가 노고객과의 상호관계를 이루며 인간화된 돌봄을 도덕적으로 실천하는 데 발현되어야 하는 윤리적 정신이고 신념이다.

앞서 살펴본 요양원, 복지관 및 경로당에서 사회적 돌봄을 실행하는 데 인간화된 돌봄을 제공할 필요성이 드러났다.

고령자를 위한 돌봄은 어려움에 부딪힌 이분들을 인간중시적으로 보살피는 도덕적 기틀 위에서 시작되고 발전되어 왔다. 고령자 돌봄은 원초적으로 이타적(利他的)인 도덕적 행위이다(이순민, 2021;

Goldstein, 1998). 돌보아지는 노고객과 돌보아 주는 제공자 간 내면적 상호관계에서 도덕성을 받들면서 이루어지는 교호적 노력이다.

퇴계의 다음 호소는 고령자를 돌보는 데 발현되어야 하는 이러한 교호적 노력을 표상한다.

> 돌봄이 필요한 사회적 약자인 개인, 집단, 공동체의 어른과 어
> 린이는 모두 나의 형제이며, 이들을 마치 나의 친족과 같이 사
> 랑으로 돌보아야 한다. (성학십도, 인설).

퇴계의 인에 대한 다음 정의를 보면 그의 이러한 호소에 담겨 있는 공을 위한 이타적 동정심을 이해할 수 있다.

> 인의 마음은 따뜻하게 남을 사랑하고 모든 것을 이롭게 하는
> 마음이며, 사심 없이 이타적인 측은한 마음이다. (성학십도, 인설).

2. 서로 돌보는 협동체계 조성

퇴계의 "부모는 자녀를 인자하게 보살피고 자녀는 부모를 존중하며 돌본다"라는 가르침은 노소(老少) 세대가 측은지심과 서를 발현하며 서로 애정으로 손숭하며 호혜적으로 놀보아야 함을 늣한다.

이러한 방향으로 새 시대 노부모·고령자 돌봄이 인간화되도록 연구, 개발, 적용할 과제가 우리 앞에 놓여 있다.

노부모 · 고령자에게 존엄을 받들며 이러한 돌봄을 제공함을 고령자복지를 증진할 가능성이 짙은 과업으로 재조명하여 이를 시대적 욕구에 맞게 실천하는 노력이 필요한 것이다.

두 가지 돌봄을 상호 보완해서 인간화된 돌봄을 실행하는 접근은 바로 이런 노력의 일환이라고 본다.

퇴계가 가르친 돌봄을 실행하는 데 발현되어야 할 존중, 애정 등 가치와 아울러 홍익인간에서 발원한 인간중시적 가치, 그리고 정은 이러한 노부모 · 고령자 돌봄을 위한 인간화된 접근을 위한 불가결한 이념적 기틀을 갖추어 준다고 믿는다.

가족적 돌봄을 행하는 小가족은 위와 같은 가치를 자율적으로 발현하며 노부모를 돌본다. 다수는 별거함으로 생기는 지리적 거리로 인하여 자체돌봄이 어려워진다. 하지만, 부모와 별거하는 자녀는 여러 가지 방법과 대안으로써 인간화된 부모자녀 관계를 유지하고 있다. 다만 전문적인 기술적 돌봄이 필요한 경우에는 가족 바깥의 사회적 돌봄을 받게 된다.

한편 사회적 돌봄은 법과 규칙에 따라 타율적으로 공익을 추구하며 전문성을 갖춘 기술적 돌봄을 행하지만, 돌봄과정에서 가족처럼 인간화된 돌봄을 제공하는 데 어려움을 겪고 있다. 즉, 인간중시적 가치를 바람직하게 발현하지 못하는 경우가 흔히 발생하므로 이를 개선, 보완하는 노력이 필요하다.

새 시대에는 가족적 돌봄과 사회적 돌봄의 어느 한 가지만으로는 고령자의 돌봄 욕구를 포괄적으로 충족하기 어렵게 되었다. 두 가지 돌봄이 연계, 종합되어야 한다.

한국 문화적 맥락에서 부모의 자녀돌봄 그리고 자녀의 부모 돌봄의 두 가지 돌봄이 세대 간에 실행되는 실상을 일련의 사례를 들어 살펴보았다.

이런 돌봄을 실행하는 데 부모와 자녀가 겪는 어려움을 해소하기 위해 가족적인 돌봄은 사회적인 돌봄이 필요했고 사회적인 돌봄은 가족적인 돌봄이 필요했음이 드러났다. 이 어려움을 개선, 완화하는 과업을 탐사하여 제시했다.

두 가지 돌봄을 연계하여 각자의 장점과 제한점을 상호 보완해서 가족과 사회는 위와 같은 어려움을 극복하며 호혜적으로 인간화된 돌봄을 폭넓게 제공해 나갈 수 있다. 즉, 가족과 사회가 협동하여 공동의 돌봄 체계를 이룩하는 것이다.

3. 윤리적 인간사회 지향

노부모 · 고령자 돌봄은 오랜 세월 동안 우리 겨레가 숭앙하며 실행해 온 문화적 관행이다. 이 관행은 세대 간의 태도와 행위의 윤리적 적합성을 판단하고 조정하는 규범으로서 여전히 기능하고 있다.

복지사회가 안정되게 발전하기 위해서는 다수 사람이 보편적으로 받드는 가치에 이념적 기틀을 두어야 한다.

우리의 문화적 맥락에서 이런 보편적인 가치로서 퇴계가 교시한 존중, 애정 등의 가치를 들 수 있다. 이러한 가치를 발현하는 맥락에서 특히 고령자의 존엄성을 고양하는 데 주력해야 하겠다.

존엄성 고양

제공자가 지켜야 하는 엄중한 윤리적 원칙은 노고객이 자생적으로 간직하는 존엄성을 받드는 것이다.

존엄성을 받듦은 돌봄의 전 과정에서 마땅히 실행되어야 하는 사회복지 전문직의 엄연한 윤리적 원칙이다.

시대가 바뀌어도 퇴계가 교시한 위와 같은 보편성 있는 가치가 노고객의 존엄성을 받드는 인간화된 돌봄의 방향과 방법을 선택하는 데 지렛대 역할을 하게 된다고 믿는다. 이 가치는 불변이나 다만 이를 실현하는 방법이 개선, 보완되고 있다.

이 책에서 논술한 우선적 과제는 가족과 사회가 연계, 협동하여 이 가치를 기틀로 노부모 · 고령자에게 인간화된 돌봄을 존엄성을 받들며 제공하는 것이다.

한국인이 노부모 · 고령자를 돌보는 벅찬 과정은 진행 중이다. 이 과정에서 이 가치를 기틀로 새 시대에 부합되게 가족은 전문기술적 돌봄을 받으며 인간화된 돌봄을 지속하고, 사회의 조직과 단체는 돌봄을 인간중시적으로 실행해 나가야 함을 거듭 거론하였다.

아울러 전통적 노부모 · 고령자 돌봄의 어두운 면(暗面)과 밝은 면(明面)을 비교, 검토하여 조정, 개선해 나갈 필요성을 지적하였다. 기왕의 세대 관계와 관련된 완고한 격식과 경직된 규칙은 남녀노소의 인권과 자유를 존중하는 바탕에서 풀고 고쳐나가야 하겠다.

이러한 노력으로 두 가지 돌봄이 연계되어 새 시대의 노부모 · 고령자의 복지를 증진하는 것이 이 책에서 추구하는 목적이다. 가족 중심으로 이루어지는 돌봄과 사회가 주도하는 돌봄이 협치 되어 조화를 이룰 때 이 목표에 접근할 수 있다고 믿는다.

　새 시대의 역동적인 사회 환경에서 이 목표를 지향하는 데 대한 경험적인 연구조사를 학계와 사회복지 실천계에서 폭넓게 체계적으로 진행해 나가야 하겠다.

　이러한 노력과 아울러 퇴계가 경(敬)을 이룩하는 요건으로 제시한 "참되고 건전한 윤리적 인간사회를 이룩하는 데 요구되는 자율적인 공동체 의식"을 발현해 나가야 한다.

부록

•

소지역중심 돌봄:

커뮤니티 케어 '가족적 돌봄과 사회적 돌봄의 연계'

가족적 돌봄과 사회적 돌봄을 연계하여 고령자가 사는 집과 이웃에서 재가복지(在家福祉)를 이룩하도록 하는 사례로서 소지역중심 커뮤니티 케어(Community Care, CC)를 들 수 있다.

가족적 돌봄과 사회적 돌봄이 연계되어 종합적 돌봄을 제공하는 방법이다. 이 접근의 장점을 간략히 살펴보고자 한다 (_____, 2021, 13장; 복지저널, 2018.10, 제122호).

CC의 특성은 돌보아지는 노고객과 돌봄 제공자 간에 따뜻한 인간관계가 이루어지는 것이다. 인간중시적 가치가 CC센터 안으로 녹아 들어가 (가족집단의) 노고객과 (사회적 돌봄조직의) 제공자 사이에 애정과 존중으로 찬 상호 돌봄 관계가 이루어진다.

이 CC의 주목적은 돌봄이 필요한 고령자를 포함한 어린이, 장애인 등 사회적 약자가 집 가까운 낯익은 이웃(소지역사회)의 소규모시설에서 치유, 요양, 재활 및 사회적 돌봄을 받을 수 있게 하고, 요양원, 병원, 보호센터 등과 같은 사회적 시설에서는 가족 · 이웃 · 지역

사회에서 받을 수 없는 돌봄을 받도록 하는 데 있다. 그러고는 이런 대규모 시설에서 (갈 곳이 없어) 필요 없이 오래 머물지 않고 적기에 탈시설(시설을 빠져나옴)하여, 위와 같은 집 가까운 곳에서 가족, 친지, 이웃과 정다운 관계를 유지하면서 필요한 사회적 돌봄을 받아나가도록 하는 꾸밈이다.

CC 체계하의 소규모 다기능시설에서는 고령자가 집에서 통원, 방문하지만, 숙박하면서 돌봄을 받을 수도 있다. 입소자 개개인의 욕구에 맞추어 돌봄을 꾸며 나가며 재활과 자립을 돕는다. 시설이 정한 규정에 수용자를 맞추는 식이 아니라 수용자의 개인적 필요와 생활상황을 파악해서 이에 맞추어 신축성 있게 대응해 나간다.

이처럼 가족적 돌봄 집단과 사회적 돌봄조직이 제공하는 두 가지 돌봄이 연계, 종합된다.

CC 체계를 운용하는 데 필요한 요원은 돌봄 담당자이다. 국내에서도 그렇게 되고 있지만, 외국에서는 이 요원은 사회복지사이다. 다음 장에서 해설하는 바와 같이 사회복지사는 지역 내 독거고령자와 고령 환자의 어려움을 파악하고, 상담을 해주며, 지역의 돌봄 자원을 동원해서 돌봄이 필요한 고령자와 연결해 준다. 고령자의 가족 생활 실태를 파악하여 필요한 사회복지돌봄과 개호 돌봄-사회적 돌봄-을 두루 연계해서 제공한다. 개호 돌봄을 받지 않는 고령자도 수시로 방문하여 생활실태를 파악해 나간다. 고령자의 요청이 있든 없든 고령자의 집을 찾아간다. 정기적인 방문은 방문간호사, 요양보호사, 자원봉사자 등과 협력해서 해나간다.

앞으로 이렇게 내 집 가까운 낯익은 이웃에서 제공되는 인간중시적인 가족적 돌봄과 기술 중심적 사회적 돌봄의 두 가지 긴요한 돌봄이 연계, 조화된 종합적인 돌봄으로서 전국적으로 확산할 조짐이다.

사회복지사는 커뮤니티 케어를 활성화하는 데 주도적 역할을 한다.

참고문헌

[국내]

강철희, 2020, 02, 가구 단위의 세속적 기부, 종교적 기부, 상호부조적 기부 행동 간 관계의 영향요인 비교, 한국사회복지행정학.

경제기획원, 2013, 평균 가족 수.

고범서, 1992, 가치관연구, 나남.

고춘란, 2014, 중국 노인복지 현황과 향후 발전과제, (중국장춘공업대학교 사회보장학과 교수), 한림대학교 국제세미나 발표문.

교육과학기술부, 2011, 도덕과 교육과정 교육과학부기술부 고시 제2011-361호 (별책 6).

구자순, 2010, 한국가족의 변화와 전망, 한국여성정책연구원.

권경임, 2009, 현대불교사회복지론, 동국대학교 출판부.

권중돈, 2021, 치매 환자와 가족복지, 학지사.

권중돈, 2015~2018, 노인복지론, 학지사.

권중돈, 2019, 노인복지론 (8판), 학지사.

권중돈, 2015, 복지, 논어를 탐하다, 학지사.

금장태, 2012, 퇴계평전: 인간의 길을 밝혀준 스승, 지식과 교양.

금장태, 2001, 퇴계의 삶과 철학, 서울대학교 출판부.

김경희, 2003, 아동심리학, 박영사.

김낙진, 2004, 의리의 윤리와 한국의 유교 문화, 집문당.

김동배, 2019, 백세시대 시니어로 살기, 도서출판소야.

김명일, 김순은, 2019, 노년기 부모자녀 결속 유형과 삶의 만족에 관한 연구, 한국노년학, 39(1), 145-167.

김미혜 외, 2015, 재가 노인복지 20년, 도전과 대응, 서울, 노인연구정보센터.

김미혜, 권금주, 2008, 며느리의 노인학대 과정에 관한 연구, 한국노년학, 28(3), 403-424.

김민경 외, 2016, 장기요양기관 요양보호사의 노인인권옹호행동 영향요인, 한국노년학, 36(3), 673-691.

김성희, 남희은, 박소진, 2012, 요양보호사의 직무 만족이 서비스에 미치는 영향, 한국콘텐츠학회논문지.

김시우, 2008, 성경적 효 입문, 다사랑.

김영란, 황정임, 최진희, 김은경, 2016, 부자 가족의 가족역량 강화를 위한 지원방안 연구, 한국여성정책연구원.

김영범, 박준식, 2004, 한국노인의 가족 관계망과 삶의 만족도, 한국노년학, 24(1), 169-185.

김은아, 이용남, 2012, 퇴계의 교육적 자아실현연구, 교육과학사.

김익기 외, 1999, 한국노인의 삶, 미래인력연구센터.

김인자 외, 2008, 긍정심리학, 물푸레.

김재엽, 1998, 한국 노인부부의 부부폭력실태와 사회인구학적 관계 연구, 한국노년학, 18(1), 170-183.

김태환, 1982, 사회학적인 견지에서 본 한국인의 국민성, 국민윤리, 8. 정신문화연구원.

김형용, 2013, 포용적 사회와 나눔 문화의 현실, 한국의 나눔 문화와 복지사회, 아산사회복지재단.

김형효, 최진덕, 정순우, 손문호, 심경호, 1997, 退溪의 사상과 그 현대적 의미, 한국정신문화연구원.

나병균, 1985, 향약과 사회보장의 관계, 사회복지학회지, 7호, 21-50.

나은영, 차유리, 2011, 한국인의 가치관 변화 추이, 한국심리학회지: 사회와 성격, 2010, 24(4), 63-93.

남석인 외, 2018, 사회복지사의 비윤리적 행위에 대한 대응책 개발, 한국사회복지행정학, 20(4), 139-174.

노자(老子) 도덕경, 1989, 박일봉 역편, 육문사.

논어(論語), 1997, 이가원 감수, 홍신문화사.

대학-중용(大學-中庸), 1993, 이가원 감수, 홍신문화사.

대한노인회, 2016, 경로당 활성화 실태조사.

대한민국국회교육과학기술위원회, 2012, 교육비부담현황보고서.

도성달, 2012, 윤리, 세상을 만나다, 한국중앙연구원.

류승국, 1995, 효와 인류 사회. 효사상과 미래사회, 한국정신문화연구원.

맹자(孟子), 1994, 이가원 감수, 홍신문화사.

모선희, 2000, 효 윤리의 현황과 과제, 현대사회와 효의 실천방안, 한국노인문제연구소.

문용린, 김인자, 원현주, 백수현, 안선영 역, 2008, 성격 감정과 덕목의 분류, 한국심리상담연구소.

박병현, 2021, 사회복지정책의 논쟁적 이슈, 양서원.

박병현, 2008, 사회복지와 문화, 집문당. 아산재단연구총서.

박정숙, 2000, 한국노인의 사회적 관계: 가족과 지역사회와의 연계 정도, 한국사회학, dbpia.ko.kr.

박종서 외, 2020, 한국가족의 변동 특성과 정치적 함의, 한국보건사회연구원.

박종홍(朴鍾鴻), 1965, 퇴계의 인간과 사상, 서울: 국제문화연구소, 世界 2권, 4호.

박충선, 박은희 외, 2008, 활력있는 노인사회 만들기 60+ Plan, 대구경북연구원.

백낙준(白樂濬), 1963, 한국의 현실과 이상, 서울: 동아출판사.

보건복지부, 2022, 사회서비스 공통업무안내. 2022. 9. 보건복지부 차세대사회보장정보시스템구축추진단.

보건복지부 한국보건복지정보개발원, 2014, '나에게 힘이 되는 복지서비스.'

보건복지부, 2014~2020, 사회복지시설관리 안내.

보건복지부, 2007, 노인학대 상담사업 현황 보고서.

보건복지부, 2014~2008년도 노인실태조사: 전국 노인 생활실태 및 복지 욕구 조사.

복지저널, 2018.10(제122호), 민·관 협력으로 커뮤니티 케어 완성하자, 한국 사회복지협의회.

서미경, 김영락, 박미은, 2015, 사회복지윤리와 철학, 양서원.

서울언론인협회, 2005, 한국인의 효, 최승규 감수, 1권, 2권.

성규탁 역, 1997 (중쇄), 사회복지행정조직론, 박영사. [Y. Hasenfeld, Human Service Organizations, 1983, Englewood Cliffs, NJ: Prentice-Hall.]

성규탁, 1988-2003, 사회복지행정론, 박영사. [2판 8쇄]

성규탁, 1989, 현대한국인의 효행에 관한 연구, 한국노년학, 9, 28-43.

성규탁, 1990, 한국노인의 가족 중심적 상호부조망, 한국노년학, 9, 28-43.

성규탁, 2000, 노인을 위한 가족의 지원: 비교문화적 고찰, 사회복지, 45, 175-192.

성규탁, 2005, 현대 한국인의 효: 전통의 지속과 표현의 변화, 집문당. [대한민국학술원선정 우수도서]

성규탁, 2013, '부모님, 선생님 고맙습니다'로 시작하는 효, 이담북스.

성규탁, 2014, 한국인의 세대 간 서로돌봄, 집문당.

성규탁, 2016, 한국인의 효에 대한 사회조사-질적 및 양적 접근, 집문당.

성규탁, 2017, 효, 사회복지의 기틀: 퇴계의 가르침, 문음사.

성규탁, 2019, 한국인의 어른에 대한 올바른 존중, 한국학술정보.

성규탁, 2019, 부모님을 위한 돌봄, 한국학술정보.

성규탁, 2020, 새 시대 한국인의 효, 한국학술정보.

성규탁, 2022, 한국사회복지조직의 성장과 과제, 한국학술정보. [대한민국학술원선정 우수도서]

성기월, 2005, 무료양로-요양시설 간호사의 업무 내용과 직무만족도, 지역사회

간호학회지, 1(3).

성서(聖書)(The Holy Bible).

성학십도(聖學十圖), 이황(李滉), 이광호 옮김, 1987, 홍익출판사.

소학(小學), 이기석 역해, 2003, 홍신문화사.

손인수, 1992, 한국인의 가치관, 교육 가치관의 재발견, 문음사.

손인수 외, 1977, 한국인의 인간관, 삼화서적주식회사.

손인수, 주채혁, 조걱호, 조대희, 민병주, 1977, 한국인의 인간관, 삼화서적주식
        회사.

송복, 1999, 동양의 가치란 무엇인가: 논어의 세계, 미래인력연구센터.

송성자, 1997, 한국문화와 가족치료, 한국사회복지학, 32권, 160-180.

신용하, 2004, 21세기 한국 사회와 공동체 문화, 지식산업사.

신용하, 2000, 한민족의 형성과 민족 사회학, 지식산업사.

신용하, 장경섭, 1996, 21세기 한국의 가족과 공동체 문화, 집문당.

신환철, 1995, 인간화를 위한 관료제 개혁, 사회과학연구, 21(95-2), 25-46.

안상훈, 2005, 한국사회복지의 좌표, 한국사회복지학회.

양옥경, 사회복지윤리와 인권, 공동체.

양옥경 외, 2018, 사회복지실천론, 나남. (5판)

엄예선, 1994, 한국가족치료개발론, 홍익제.

예기(禮記), 1993, 권오순 역해, 홍신문화사.

오석홍, 2016, 인사 행정론, 박영사.

왕웬양(王文亮), 2011, 中國之高齡者社會保障. 日本東京: 白帝社.

원영희, 모선희, 1998, 노인복지관에 관한 연구: 현황과 발전방안, 한국노년학,
        18(2), 64-79.

유성호, 2009, 경로당 발전방안 탐색: 경로당 이용 경험에 따른 노인들의 특성
        을 중심으로, 한국노년학, 29(4), 1463-1478.

유성호 외, 2016, 노인요양시설 입소 노인에 대한 여성 요양보호사의 폭력 경험

에 대한 탐색적 연구, 한국노년학, 36(4), 1037-1058.

유영림, 김명성, 배영미, 2018, 노인 생활시설 사회복지 슈퍼비전과 발전방안에 대한 질적 사례연구, 사회복지 행정학, 20(1), 107-149.

유영익, 1992, 한국 근대사론, 일조각.

유민봉, 심형인, 2013, 한국 사회의 문화적 특성에 관한 연구, 한국심리학회지: 문화와 사회문제, 19(3), 457-485.

유병용, 신관영, 김현철, 2002, 유교와 복지, 백산서당.

윤경아, 이윤화, 2000, 장애 노인의 사회복지서비스 욕구에 관한 연구, 한국노년학, 20(3), 77-91.

윤사순, 2016, 퇴계 선집, (14쇄). 현암사.

윤성범, 1975, 동서양의 윤리(Ethics East and West). (M. C. Kalton, trans.), Seoul.

윤태림, 1970, 한국인의 의식구조, 서울, 문음사.

이경자 외, 2004, 노인전문간호사의 역할, 노인간호학회지.

이경희, 2016, 요양시설 노인과 요양보호사에 있어 식사의 의미, 한국노년학, 36(4), 1157-1176.

이광규, 1981, 한국가족의 심리문제, 일지사.

이민홍, 정병오, 2020, 사회복지프로그램개발과 평가, 양서원.

이부영, 1983, 한국인의 성격의 심리학적 고찰, 한국인의 윤리관, 한국정신문화연구원, pp. 227-269.

이수원, 한국인의 인간관계 구조와 정, 교육논총, 1, 1984. 5, 95-125.

이순민, 2021, 사회복지 윤리와 철학, 학지사.

이승호, 신유미, 2018, 공적 돌봄과 가족 돌봄의 종단적 과제: 재가 노인 돌봄을 중심으로, 한국노년학, 38(4), 1035-1055.

이여봉, 2017, 가족 안의 사회, 사회 안의 가족, 양서원.

이연숙, 2011, 체험주의의 초등 도덕교육에 대한 함의연구, 초교육연구, 24(3), 51-72.

이이, 율곡전서, 국역, 1985, 한국정신문화연구원, 권 19.

한국인의 효, 2005, 최승규 감수, 1권, 2권.

이상은(李相殷), 1965, 퇴계의 생애와 학문, 예문서원, 107-124.

이승호, 신유미, 2018, 공적 돌봄과 가족 돌봄의 종단적 과제, 한국노년학, 38(4), 1035-1055.

이준우, 선문진희, 2016, 재가 노인복지, 재가 노인을 위한 사회서비스, 서울, 파란마음.

이중표, 2010, 현대와 불교사상, 전남대학교 출판부.

이창숙, 하정화, 2019, 경로당이용 여성 노인의 친구·이웃 집단따돌림 현상 연구, 한국노년학, 38(3), 485-515.

이혜자, 김윤정, 2004, 부부관계가 노년기 삶의 질에 미치는 영향, 한국노년학.

이희경, 2010, 유아교육 개론, 태양출판사.

이황(李滉), 윤사순 역주, 2014, 퇴계 선집, 현암사.

이황(李滉), 이광호 옮김, 1987, 성학십도(聖學十圖), 홍익출판사.

이황(李滉), 장기근 역해, 2003, 퇴계집(退溪集), 홍신문화사.

일본사회복지사사회 윤리강령, 2006.

임태섭, 1994, 체면의 구조와 체면 욕구의 결정요인에 대한 연구, 한국언론학보 32호, 207-247.

일본사회복지사 윤리강령, 2006.

일본민법 IV, 친족상속법.

임진영, 2003, 어머니의 양육 태도와 아동의 자아개념이 아동의 대인관계에 주는 영향, 초등교육연구, 16(1), 379-399.

장성숙, 1999, 한국적 상담의 필요성: 현실 역동 상담, 한국심리학회지: 상담과 치료, 11(2), 19-33.

장현숙, 옥선화, 2015, 가족관계, KNOU Press.

장희숙, 박영자, 2005, 가족: 개인 중심적 가족관, 학지사.

전경련(전국경제인협회), 2016, 사회공헌백서.

정경희, 강은나, 2016, 한국노인의 사회적 연계망 유형, 한국노년학(3), 765-783.

정순목, 1990, 퇴계의 교육철학, 지식산업사.

정순돌, 2005, 한국사회복지의 좌표, 한국사회복지학회. 2009, p 88.

정승은, 이순희, 2009, 노인요양시설 간호사의 실무경험, 간호행정학회지, 15(1),
　　　116-127.

조지현, 오세근, 양철호, 2012, 아시아 4개국의 노인부양의식 및 노인부양행위
　　　에 관한 비교연구, 사회연구, 통권 22호, 7-42.

조흥식, 김인숙, 김혜란, 김혜련, 신은주, 2021, 가족 복지학, 학지사.

중용(中庸), 2008, 박완식 편저, 여강.

지교헌, 1988, 한민족의 정신사적 기초, 한국정신문화연구원.

채무송, 1990, 퇴계 · 율곡 철학 연구, 성균관대학교 출판부.

최문형, 2004, 한국전통사상의 탐구와 전망, 경인문화사, 336-348.

최문형, 2000, 동학사상에 나타난 민족통일이념 연구, 남북한 민족공동체의 지
　　　속과 변동, 교육정책연구 2000-지-1, 교육인적자원부, 111.

최상진, 2012, 한국인의 심리학, 학지사.

최상진, 김기범, 2011, 문화심리학-현대한국인의 심리 분석, 지식산업사.

최성재 편, 2012, 고령화 사회, 서울대 출판부.

최성재, 1989, 경로효친사상과 노인복지, 한국사회복지학, 13, 1-25.

최연실 외(15인), 2015, 한국가족을 말한다: 현상과 쟁점, 도서출판 하우.

최유정, 2010, 가족 정책을 통해 본 한국의 가족과 근대성-1948~2005년까지,
　　　백문사.

최재석, 2009, 한국의 가족과 사회, 경인문화사.

최재석, 1983, 한국인의 사회적 성격, 개문사.

최재성, 2017, 노인요양원과 문화변화, 아산재단연구총서, 집문당.

통계청, 장래인구 추계 (1990-2021).

통계청 사회조사, 2008~2017.

퇴계집(退溪集), 2003, 이황, 장기근 역해, 홍신문화사.

편상훈, 이춘실, 2008, 울산광역시 노인요양시설 운영의 문제점과 개선방안, 한국행정논집.

한겨레신문, 2022. 8. 20.

한경혜, 성미애, 진미정, 2014, 가족발달, KNOU Press.

한국갤럽, 2011, 01 31, 한국인이 효.

한국노인문제연구소, 2000, 현대사회와 효의 실천방안.

한국보건사회연구원, 전경희 외, 2012, 2011년도 노인실태조사.

한국보건사회연구원, 2016, 가족 형태 다변화에 따른 부양체계변화 전망과 공사 간 부양 부담 방안(책임연구원 김유경).

한국사회복지사협회, 윤리강령, 실천가이드북, 2008.

한국청소년개발원, 2011.

한상진, 2006, 역동적 균형과 한국의 미래: 3: 사회통합과 균형적 성장. (공편). 나남.

한형수, 2011, 한국 사회 도시 노인의 삶의 질 연구, 청록출판사.

허준수, 2018, 초고령사회에 대비한 노인종합복지관의 대응전략.

홍경준, 1999, 복지국가 유형에 관한 질적 분석, 한국사회복지학, 38, 309-335.

효경(孝經).

효도실버신문, 2018.8.13. (제208호).

황진수, 2011, 노인복지론, 공동체.

[국외]

Beveridge Report (The), Social insurance and allied services, 1942. CMD 6404, HMSD, London.

Bradford, D. L., & Burke, W. W., 2005. Organizational development. San

Francisco: Pfeiffer.

Chow, N., 1995. *Filial piety in Asian Chinese communities*. Paper presented at 5th Asia/Oceania

Regional Congress of Gerontology, Honk Kong, 20 November.

Climo, J., 1992. Distant parents. New Jersy, Rutgers University Press.

Cogwill, D. O., & Holmes, L. D., 1972. Aging and modernization. New York: Appleton-Century-Crofts.

Connidis, I. A., 2009, Family ties and aging. Sage.

Damon-Rodriguez, J. A., 1998, Respecting ethnic elders: A perspective for care providers. (In) R. Disch, R. Doborof, & H. R. Moody(Eds.), Dignity and Old Age. 53-72. New York: Haworth.

Dillon, R. S., 1992. Respect and care: Toward mora integration. *Canadian Journal of Philosophy* 22, 105-132.

Doty, P., 1986. Family care for the elderly, The role of public policy. The Milbunk Quarterly 64: 34-75.

Downie, R. S., & Telfer, E., 1969. *Respect for persons*. London: Allen and Unwin.

Du, P., 2013, Filial piety in the New Century China. Paper presented at The World Congress of Gerontology and Geriatrics. Seoul, Korea, 7.24.

Emmons, R. A., & McCullough, M. E., 2008. Thanks!: How practicing gratitude can make you happier. Boston: Houghton Mifflin.

Gambrill, E., & Gibbs, L., 2017. Critical thinking for helping professionals: A skill-based workbook. London: Oxford University Press.

Gambrill, E., 1983. Casework: A competency-based approach. Englewood Cliffs, NJ: Prentice-Hall.

Gibbard, A., 1990. Wise choices, apt feelings, Cambridge, MA: Harvard University Press.

Ghusn, R. S., et al., 1996. Enhancing life satisfaction in later life. Journal of Gerontological Social Work, 26, 27-47.

Goldstein, H., 1998. Education for ethical dilemmas in social work practice. Families in Society, May-June, 241-253.

Hasenfeld, Y., 2009. Human services as complex organizations. [2nd Ed.] Thousand Oaks, CA: Sage.

Hasenfeld, Y., 1985. Human service organizations. Englewood Cliffs, NJ: Prentice-Hall. 성규탁 역, 1997. 사회복지행정조직론, 박영사.

Hashimoto, A., 2004. Culture, power, and the discourse of filial piety in Japan: The disempowerment of youth and its social consequences. (In) Filial Piety: (Ed.) C. Ikels. Stanford University Press.

Heller, P. S., 2015. The challenge of the aged population: Lesson to be drawn from Japan's experience. Center for Intergenerational Studies, Hitotsubashi University, Tokyo, Japan.

Hofstede, G., 2003. Cultural consequences: Comparing values, behaviors, institutions and organizations across nations (2nd Ed.). Thousand Oaks: Sage.

IAGG(International Association of Gerontology & Geriatrics), 2013, 23-27, 20th World Congress Proceedings, Seoul, Korea.

Jansson, B. S., 2013. Becoming effective policy advocate: Policy practice to social justice. New York: Brooks/Cole.

Kahn, A. J., 1979. Social policy and social services. 2nd Ed. New York: Random House.

Lewis, R., 2005. Teaching gratitude in early years - When do kids get it? MN: Free Spirit Publishing.

Likert, R., 1987. New pattern of management. New York: McGraw Hill, Ch. 8.

Litwak, E., 1985. Theoretical base for practice. (In) *Maintenance of family ties of long-term care patients*, R. Dobroff & E. Litwak (Eds.). washington, DC: Department of Health, Education and Welfare.

Maeda, D., 2004. Soietal filial piety has made traditional individual filial piety much less important in contemporary Japan, Geriatrics & Gerontology Internatinal, 4(1), s74-s76.

Myrdal, G., 1958. (260-261). Value in social theory, P. Streeten, (Ed.). New York, Harper.

NASW(National Association of Social Workers), 2010. Code of Ethics. Washington, D. C.

Palmore, E. B., 1989. Ageism: Negative and Positive. New York: Springer.

Park, C. H. (朴鍾鴻), 1983. Historical review of Korean Confucianism, (In) Main currents of Korean thoughts, *The Korean National Commission for UNESCO*. Seoul: The Si-sa-yong-o-sa.

Patti, R., 2000. Social Welfare Management. SAGE.

Pedersen, P. B., 1983. Asian personality theory. (In) R. J. Corsica & A. J. Marsella (Eds.), *Personality Theories, Research, and Assessmen*t. Itasca: Peacock.

Perrow, C., 2014. Complex organizations: A sociological review. VM: Bedmont Books.

Du Peng, 2013. Filial piety in the new century China. Paper presented at The World Congress of Gerontology and Geriatrics, July 24, Seoul, Korea.

Queresi, H., & Walker, A., 1989. The caring relationship: Elderly people and their families. New York: McMillan.

Rice, E. P., 1984. The adolescent: Development, relationship, and culture. Boston: Allyn & Bacon.

Rogers, C. R., 1961. On Becoming a person. Boston: Houghton Mifflin.

Rogers, C. R., 1977. Carl Rogers on personal power. New York: Delacorte.

Roland, A., 1989. In search of self in India and Japan: Toward cross-cultural psychology. Princeton Univesity Press.

Ryan, M. J. (1999). Attitudes of Gratitudes. San Francisco: Conari.

Singh, J. P., 2020, Cultural values in political economy. Kindle.

Simmel, O. S., 2008. The web of group affiliation. New York: Free Press.

Streib, G. F., 1987. Old age in sociocultural context: China and the United States. Journal of Aging Studies 7, 95-112.

Sung, K. T. (성규탁), Family-centered elder-care: A new look at filial piety, the cultural value in Korea. (In) Chung, K. B. & Gilbert, N. (Eds.), 2013. U. K.: Oxford University Press.

Sung, K. T. (성규탁), & Dunkle, R. E., 2009. How social workers demonstrate respect for elderly clients. *Journal of Gerontological Social Work* 53, 250-260.

Titmuss, R. M., 1976. Commitment to welfare. London: Harpers Collins.

Towle, C., 1965. Common human needs. New York: National Association of Social Workers.

Triandis, H. C., 1994. Culture and social behavior. New York: Trafalger Publishing.

Tu, W. M. (杜維明), 1995. Humanity as embodied love: Exploring filial piety in a global ethical perspectives. (In) *Filial piety and future society*. Gyonggido, South Korea: The Academy of Korean Studies.

Yang, O. K.(양옥경), 2011. Changes in the social support system, (In) Advancing social welfare of Korea: Challenges and approaches. Seoul: Jimoondang.

Yeh, K-H, Yi, C-C, Tsao, W-C, & Wan, P-S, 2010. Filial piety in contemporary Chinese societies: A comparative study of Taiwan, Hong Kong, and China, International Sociology 28(3), 277-296.

성규탁(成圭鐸)

서울대학교 문리과대학 & 대학원 졸업(학사, 석사)
University of Michigan 사회사업대학원 졸업(MSW)
University of Michigan 대학원 졸업(Ph. D.)
(전) University of Wisconsin-Madison 사회사업대학원 교수
연세대사회복지학과(창립 시) 학과장
연세대사회복지연구소(창립 시) 소장
University of Chicago Fellow (선경최종현학술원지원)
한국사회복지학회장, 한국노년학회장
Michigan State University 사회사업대학원 전임교수
University of Southern California 사회사업대학원 석좌교수(Frances Wu Endowed Chair
      Professor)
University of Michigan 사회사업대학원 초빙교수
리더십한림원[www.lhgln.com] 효문화연구소 대표
한국사회복지사협회원로회 회장
시회복지교육실천포럼 대표
한국노년학회 이사
서울중화노인복지관 운영위원장
서울강남시니어클럽(노인 일자리 마련 기관) 운영위원장

저서(국문): 효 관련
새 時代의 孝 (연세대 출판부) (연세대학술상 수상) 1995
새 시대의 효 I (문음사) (아산재단 아산효행상 수상) 1996
새 시대의 효 II (문음사) (문화공보부 추천도서) 1996
새 시대의 효 III (문음사) 1996
현대 한국인의 효 (집문당) (대한민국학술원선정 우수도서) 2005
한국인의 효 I (한국학술정보) 2010
한국인의 효 II (한국학술정보) 2010
한국인의 효 III (한국학술정보) 2010

한국인의 효 Ⅳ (한국학술정보) 2010

한국인의 효 Ⅴ (한국학술정보) 2010

어른을 존중하는 중국, 일본, 한국 사람들 (한국학술정보) 2011

어떻게 섬길까: 동아시아인의 에티켓 (한국학술정보) 2012

한국인의 서로돌봄: 사랑과 섬김의 실천 (한국학술정보) 2013

부모님, 선생님 "고맙습니다"로 시작하는 효 (한국학술정보) 2013

한국인의 세대 간 서로돌봄: 전통-변천-복지 (집문당) 2014

한국인의 효에 대한 사회조사 (집문당) 2015

효행에 관한 조사연구 (집문당) 2016

효, 사회복지의 기틀: 퇴계의 가르침 (문음사) 2017

부모님을 위한 돌봄 (한국학술정보) 2019

한국인의 어른에 대한 올바른 존중 (한국학술정보) 2019

현대한국인의 노후돌봄 (한국학술정보) 2020

부모님에 대한 감사 (한국학술정보) 2021

새 시대 한국인의 효 (한국학술정보) 2021

한국인의 노인복지를 위한 가족 효와 사회 효의 연계 (한국학술정보) 2022

한국인의 부모와 고령자에 대한 존경 (한국학술정보) 2022

저서(국문): 사회복지 관련

사회복지행정론 (법문사)

사회복지행정론(역서) (한국사회개발연구원)

사회복지조직론(역서) (박영사)

사회복지사업관리론(역서) (법문사)

산업복지론 (박영사)

정책평가 (법영사)

사회복지 임상조사방법론 (법문사)

사회복지실천평가론 (법문사)

한국사회복지조직의 성장과 과제 (한국학술정보) (대한민국학술원선정 우수도서)

사회복지시설의 바람직한 관리 (한국학술정보)

효: 사회복지의 기틀: 퇴계의 가르침 (문음사)

저서(영문)

Care and respect for the elderly in Korea: Filial piety in modern times in East Asia. Seoul:
　　Jimoondang, 2005.

Respect and care for the elderly: The East Asian way. Lanham, MD: University Press of
　　America, 2007.

Respect for the elderly: Implications for human service providers. Lanham, MD:
　　University Press of America, 2009.

Advancing social welfare of Korea: Challenges and approaches. Seoul: Jimoondang, 2011.

The Organizational Effectiveness of Family Planning Clinics. Ann Arbor, MI: The
　　University of Michigan School of Social Work, 1974.

Evolving social welfare of Korea: Issues and approaches [In Press]

논문(국내)

사회복지학회지, 연세사회복지연구, 사회복지, 한국정신문화연구원논총, 한림과학원 총서,
승곡논총, 한국노년학, 노인복지정책연구총서 등에 발표

논문(외국)

Journal of Social Service Research, Administration in Social Work, International Social
Work, Society and Welfare, Social Indicators Research, Journal of Family Issues, Journal of
Applied Social Sciences, Journal of Poverty, The Gerontologist, Journal of Aging Studies,
International Journal of Aging & Human Development, Journal of Gerontological Social
Work, Journal of Elder Abuse & Neglect, Journal of Cross-Cultural Gerontology, Journal
of Aging & Social Policy, Educational Gerontology, Ageing International, Journal of
Aging and Identity, Journal of Aging, Humanities, and the Arts, Journal of Religious
Gerontology, Hong Kong Journal of Gerontology, Australian Journal on Ageing, The
Southwest Journal of Aging, Journal of East and West Studies, International Journal of
Social Research & Practice, Public Health Reports, Public Health Reviews, Health and
Social Work, Studies in Family Planning, Children and Youth Service Review, Child Care
Quarterly, Child Welfare 등에 발표

가족과 사회의
고령자 돌봄

초판인쇄 2024년 1월 1일
초판발행 2024년 1월 1일

지은이 성규탁
펴낸이 채종준
펴낸곳 한국학술정보(주)
주 소 경기도 파주시 회동길 230(문발동)
전 화 031-908-3181(대표)
팩 스 031-908-3189
홈페이지 http://ebook.kstudy.com
E-mail 출판사업부 publish@kstudy.com
등 록 제일산-115호(2000. 6. 19)

ISBN   979-11-6983-886-3 93330

이 책은 한국학술정보(주)와 저작자의 지적 재산으로서 무단 전재와 복제를 금합니다.
책에 대한 더 나은 생각, 끊임없는 고민, 독자를 생각하는 마음으로 보다 좋은 책을 만들어갑니다.